이력서 작성에서
비즈니스 회화까지

일본 기업에 취직하기

모리타 마모루(森田 衛) 저

시사일본어사

はじめに

本書の目的

　本書は「日本語を使って仕事をしたい」と考えている人のために作られた教科書です。本書を使って学習すると、就職に役立つ実践的な知識を吸収しながら、自然に就職活動に必要な日本語表現を身に付けることができます。また、エントリーシートの書き方や面接会話の練習等を通じて、場面に応じた適切なマナーを踏まえた日本語表現を学習するとともに、社会人としてふさわしい日本語コミュニケーション力の涵養を目指します。

対象

　本書は、特に一定の日本語レベルの学習者を対象として作られていません。ただ、業務の一部にせよ日本語を使って仕事をするためには、少なくとも日本語能力試験2級程度（初級文法を200〜300時間終了程度）以上の能力が求められるのが実情です。したがって、本書も中級以上の学習者に適した教材だといえます。

들어가는 말

···▶ 이 책의 목적

　이 책은「일본어를 사용하면서 일하고 싶다」는 사람들을 위해 만들어진 교재입니다. 이 책으로 공부하게 되면 일본 관련 회사에 취업을 하는데 도움이 되는 실용적인 지식을 흡수하면서 자연스럽게 구직 활동에 필요한 일본어 표현을 익힐 수 있습니다.
　또, 일본어로 자기소개서를 작성하는 방법과 면접에 필요한 회화 연습을 통해 경우에 따라 적절한 예의를 갖춘 일본어 표현을 학습함과 동시에 사회인으로서 적절한 일본어 커뮤니케이션 능력을 키우는데 그 목적을 둡니다.

···▶ 대상

　이 책은 특정한 일본어 레벨의 학습자를 대상으로 하지는 않습니다. 그렇지만 업무의 일부분이라도 일본어를 사용하여 일을 하기 위해서는 적어도 일본어 능력 시험 2급(초급 문법을 200~300시간 정도 학습한 사람) 이상에 해당하는 능력을 갖춘 사람이 적합할 것입니다. 따라서 이 책도 중급 이상의 학습자에게 적합한 교재라고 할 수 있습니다.

本書の特徴

1. 就職活動に必要な日本語が満載

　本書の例文・問題文は、すべて就職活動で実際に使用される表現ばかりです。問題を解き進むにつれて、自然と就職に必要な日本語が身に付くように構成されています。また誤用例は、過去に学習者が授業等で書いたり話したりしたもののうち、典型的な例を取り上げています。したがって、これから就職活動を始めようと考えている人が本書を使って学習を進めることによって、陥りやすい誤りを未然に防ぐことができます。

2. 中・上級授業の副教材としての使用も可能

　本書はビジネス会話の教科書ではありませんが、実践的な多くのタスクへの取り組みを通じて、将来使うことになるビジネス会話の基本を学ぶことができます。したがって、中・上級授業の副教材としても使用できます。また、本書は便宜上、履歴書編 → エントリーシート編 → 面接編の順に進んでいますが、各人の必要に応じて適宜取捨選択してもかまいません。例えば、韓国の韓・日合弁企業の就職試験では、履歴書及びエントリーシートは韓国語のものだけを提出し、面接のみが日本語で行われる会社がある一方、履歴書から面接まですべてを韓国語と日本語で行われる会社もあると聞いています。学習者の実情に応じて、適宜、学習項目を取捨選択していただければと思います。

3. 就職への意識を高め、日本を見る目を養う工夫

　本書では、日々日本語を使って仕事をしている先輩たちへのインタビューをはじめ、就職活動に関する様々なコラムを随所に織り交ぜることで、学習者の就職に対する意識を高めようとするねらいがあります。さらに、本書を手がかりに、韓国語と日本語の表現方法の差や両国の就職事情の違いを知ることによって、学習者ひとりひとりの日本語や日本のビジネス習慣に対する理解が深まっていくことを期待しています。

이 책의 특징

···▶ **1. 구직 활동에 필요한 일본어가 가득**

　이 책의 예문·문제문은 모두 구직 활동에서 실제로 사용되고 있는 표현들입니다. 문제를 해결해 감으로써 자연스럽게 취업에 필요한 일본어를 익힐 수 있도록 구성되어 있습니다. 또 오용 예는 과거에 학습자가 수업 등에서 쓰거나 말한 것 중에서 전형적인 예를 들고 있습니다. 따라서 앞으로 구직 활동을 시작하려는 사람이 이 책으로 공부를 하게 된다면 범하기 쉬운 실수를 미연에 방지할 수 있습니다.

···▶ **2. 중·고급 수업의 부교재로서 활용**

　이 책은 비즈니스 회화의 교재는 아니지만 풍부한 실전 예를 통해 앞으로 사용하게 될 비즈니스 회화의 기본을 다질 수 있습니다. 따라서 중·고급 수업의 부교재로서도 활용할 수 있습니다. 또 이 책은 편의상 이력서편→설문지(자기소개서)편→면접편의 순서로 진행되고 있는데 필요에 따라 적절하게 선택할 수도 있습니다.
예를 들면 한국의 한·일 합병 기업의 취직 시험에서는 이력서 및 설문지(자기소개서)는 한국어로 제출하고 면접에서는 일본어로 면접을 보는 회사가 있는 한편, 이력서부터 면접까지 모든 과정에서 한국어와 일본어를 요구하는 회사도 있을 것입니다. 학습자의 사정에 따라 적절하게 학습 항목을 선택하는 것도 좋을 것입니다.

···▶ **3. 취업에 대한 의식을 고양하고 일본을 보는 눈을 키우기 위해**

　이 책에서는 매일 일본어를 사용하여 일하고 있는 사람들과의 인터뷰를 비롯하여 구직 활동에 관한 다양한 칼럼을 싣고 있어 학습자의 취업에 대한 의식을 고양시키려는 목적이 있습니다.
그리고 이 책을 단서로 한국어와 일본어의 표현방법의 차이와 두 나라의 취업 사정의 차이에 대한 지식을 얻음으로써 학습자 개개인의 일본어와 일본의 비즈니스 습관에 대해 이해하는데 도움이 될 수 있다면 기쁘겠습니다.

本書の構成

···▶ **PartⅠ 履歴書作成**

　就職希望の学生が作った履歴書サンプルを見ながら、学習者に多い誤りを指摘します。同時に、日本語の履歴書を作成する上で欠かすことができない知識も学習していきます。

···▶ **PartⅡ エントリーシート(自己紹介書)作成**

　エントリーシート(自己紹介書)は、その書き方次第で相手の評価が大きく変わります。ここで、効果的な書き方について学習します。

「文法編」→ 丁寧で読みやすい文章を作るためのポイントを解説します。
　　　　　 練習問題を解きながらマスターしていきます。

「言葉編」→ エントリーシート(自己紹介書)でよく使われる言葉の中から、日本語に直訳できないものを中心に解説します。

「内容編」→ 文法・言葉と並んで重要なのがその内容です。
　　　　　 豊富な用例を通じて自然な表現ができるようにします。最後に、まとめとして「エントリーシートサンプル」を用意しました。

···▶ **PartⅢ 面接**

　日本語面接において、志望者の魅力を十分に面接官に伝えられるような表現力を養うことを目指します。

「文法編」→ 面接は話し言葉の中でも特に丁寧さと誠実さが求められるので、そうした場面にふさわしい文法について解説します。練習問題を解きながらマスターしていきます。

「便利な表現編」→ 面接に欠かせない表現を学習します。面接の様々な場面を想定して練習することが望まれます。

이 책의 구성

···▶ Part I 이력서 작성

　취업을 희망하는 학생이 작성한 이력서 샘플을 보면서 학습자가 범하기 쉬운 실수를 지적하고 있습니다. 동시에 일본어로 이력서를 작성하는데 꼭 필요한 지식도 학습합니다.

···▶ Part II 설문지(자기소개서) 작성

　설문지(자기소개서)는 어떻게 작성하는가에 따라 상대에 대한 평가가 크게 달라집니다. 그래서 이 장에서는 효과적인 작성 방법에 대해 학습합니다.

「문법편」→ 정중하고 읽기 쉬운 문장을 쓰기 위한 포인트를 설명하고 있습니다.
　　　　　연습 문제를 풀면서 마스터하도록 합니다.
「단어편」→ 설문지(자기소개서)에서 자주 사용되는 단어 중에서 일본어로 직역할 수 없는 것을 중심으로 설명하고 있습니다.
「내용편」→ 문법・단어와 함께 중요한 것이 내용입니다.
　　　　　풍부한 용례를 통해 자연스러운 표현을 익히도록 합니다.
　　　　　마지막에는 최종 정리를 위해 「설문지 샘플」을 실어 두었습니다.

···▶ Part III 면접

　일본어로 면접을 볼 때 지원자의 매력을 면접관에게 충분히 전달할 수 있는 표현력을 키우는 것을 목적으로 합니다.

「문법편」→ 면접은 회화 중에서도 특히 정중함과 성실함이 요구되므로 그러한 경우에 적합한 문법에 대해 설명합니다. 연습 문제를 풀면서 마스터해 가도록 합니다.
「편리한 표현편」→ 면접을 볼 때 중요한 표현을 학습합니다.
　　　　　　　　면접의 다양한 장면을 상상하여 연습하는 것이 중요합니다.

「面接実践編」→「面接サンプル」を見ながら、学習者が間違えやすい点を指摘していきます。

⋯▶ **PartⅣ　インタビュー**

　日本語を使った仕事に従事している方に、現在の仕事内容や就職活動の思い出を語ってもらいました。就職活動の参考になる話が満載です。

⋯▶ **PartⅤ　考えるヒント**

　自己紹介書を作成したり面接を受ける際には、アピールポイントなどをしっかりと考えておきましょう。
アピールポイントについては、たとえば「性格」などの項目別に分け、もう一度自己を振り返り分析する機会を作った方がよいでしょう。

⋯▶ **PartⅥ　付録**

　本書の問題の解答例を参考にしてください。
また、就職活動に役立つよう、韓国で活躍している日本関連企業のリストを載せました。但し、選定された企業リストについては、筆者および時事日本語社と関係ありません。採用や照会などの一切の責任は負いかねます。
　本書の「志望企業スクラップ」欄を利用し、自分で集めた情報などを整理して活用してください。

⋯▶ **コラム・就職メモ**

　韓国と日本の就職事情の違いを中心に、実践的で役に立つ情報を取り上げました。日本のビジネス習慣について考察する際にも有用な記事も用意しました。本文と合わせてご活用ください。

「면접 실천편」→「면접 샘플」을 보면서 학습자가 실수하기 쉬운 점을 지적하고 있습니다.

···▶ Part Ⅳ 인터뷰

일본어를 사용하는 직업에 종사하고 있는 사람들에게 현재 하고 있는 일의 내용과 구직 활동 경험에 대한 인터뷰를 실었습니다. 구직 활동에 참고할 수 있는 내용이 많이 포함되어 있습니다.

···▶ Part Ⅴ 생각하는 힌트

자기소개서를 작성하거나 면접을 보기 전에, 자신을 어필할 수 있는 사항을 잘 생각해 둡시다.
어필할 내용에 대해서는, 예를 들어 [성격] 등의 항목으로 나누어, 다시 한 번 자신을 되돌아 보는 기회를 만들어 보는 것도 좋을 것입니다.

···▶ Part Ⅵ 부록

이 책에 나와 있는 문제의 해답 예를 참고해 주시기 바랍니다.
또한, 한국에서 활약하고 있는 대표적인 일본 관련 기업의 정보를 실었습니다. 단, 게재된 기업 리스트는, 필자 및 시사일본어사와 관계가 없으므로, 채용이나 조회 등의 책임은 지지 않습니다.
[관심 기업 스크랩] 은, 자신이 모은 기업의 정보 등을 정리하여 활용해 주시기 바랍니다.

···▶ 칼럼・취업 메모

한국과 일본의 취업 사정의 차이를 중심으로 실전에 도움이 되는 정보를 실었습니다. 일본의 비즈니스 습관에 대해 생각할 경우에 유용한 기사도 실었습니다. 본문과 함께 활용하시기 바랍니다.

励ましの言葉（学習者のみなさんへ）

　近年、韓国では学生の就職難が続いています。私はこれまで、大学の授業でビジネス日本語を指導するかたわら、学生の就職相談に乗ってきました。高級日本語やビジネス日本語を学習した学生の多くは、卒業後「仕事で日本語を使ってみたい」と思っています。
　日本語を使う仕事は身近なところに数多くあります。航空会社、旅行会社、ホテル、デパート、免税品店などのサービス業をはじめ、日本と取引のある機械産業や食品産業等の製造業、商社、韓・日合弁企業、公務員、NGOなど多くの会社や組織で、すでに皆さんの先輩が日々日本語を使って仕事をしています。もちろん、その中には仕事のすべてにおいて日本語を使っている人もいますが、仕事の一部にだけ必要に応じて日本語を使っている人もいます。また、日本に行って就職を決め、日本人と同じように仕事をしている人もいます。(詳しくは「Part Ⅳ インタビュー」を見てください。)
　しかし、話はそれほど簡単ではありません。みなさんは高級日本語やビジネス日本語を学習しただけで、はたして日本語を使う仕事に就けると思いますか。もし、みなさんがビジネス日本語をいくら一生懸命勉強しても、実際に日本語を使う仕事に就かなければ、残念ながらせっかく磨いたその能力を生かすことはできません。ビジネス活動に必要な日本語力と就職活動に必要な日本語力は重なる点も多いですが、同じではないのです。その点について、以下詳しく説明しましょう。
　業務で日本語を使う会社に就職するには、多くの場合、就職試験に日本語の面接が用意されていて、この面接試験に合格しなければなりません。もし、あなたがこれから日本語の面接を受けるとしたら、どのような準備をしますか。

격려의 말(이 책으로 공부하는 학습자 여러분에게)

　최근 한국에서는 청년 취업난이 계속되고 있습니다. 저는 지금까지 대학에서 비즈니스 일본어를 지도해 오면서 학생들의 취업 상담을 해왔습니다. 고급 일본어와 비즈니스 일본어를 학습한 학생의 대부분은 졸업 후에 「자신의 전공을 살려 일본어를 사용하는 직업에 종사하고 싶다」라고 생각하고 있었습니다.
　일본어를 사용하는 일은 우리 주위에서 쉽게 접할 수 있습니다. 항공회사, 여행회사, 호텔, 백화점, 면세점 등의 서비스업을 비롯하여 일본과 거래를 하는 기계 산업과 식품 산업 등의 제조업, 무역회사, 한・일 합병 기업, 공무원, NGO(민간 국제단체) 등 많은 회사와 조직에서 이미 많은 사람들이 매일 일본어를 사용하면서 일하고 있습니다. 물론 그 중에는 일을 하는데 있어서 전면적으로 일본어를 사용하는 사람도 있지만 일의 일부분에서 필요에 따라 일본어를 사용하는 사람도 있습니다. 또 일본에 가서 취업을 하여 일본인과 마찬가지로 일을 하고 있는 사람도 있습니다. (자세한 것은 「Part Ⅳ 인터뷰」를 참조하세요.)
　그렇지만 그것이 그렇게 간단하지 않습니다. 학습자 여러분께서는 고급 일본어와 비즈니스 일본어를 학습하기만 하면 일본어를 사용하는 직업을 가질 수 있다고 생각하십니까? 만약 여러분이 비즈니스 일본어를 아무리 열심히 공부해도 실제로 일본어를 사용하는 직업을 가질 수 없다면 아쉽지만 모처럼 갈고 닦은 그 능력을 살릴 수 없습니다. 비즈니스 활동에 필요한 일본어 능력과 구직 활동에 필요한 일본어 능력은 중복되는 부분도 많지만 결코 똑같지 않습니다. 그런 점에 대해 아래에 상세하게 설명해 둡니다.
　실무에서 일본어를 사용하는 회사에 취직하기 위해서는 대부분의 경우 취직 시험에서 일본어 면접을 보아야 하고 그 면접 시험에 합격해야만 합니다. 만약 학습자가 지금부터 일본어 면접을 보게 된다면 어떻게 준비해야 할까요?

面接官から受けた質問をただ頭の中で日本語に翻訳して答えただけでは、合格することは難しいです。韓国の企業もそうですが、日本の企業は面接をひじょうに重視します。それは、採用に当たってはその人の性格や考え方などの人間性を見る傾向があるからです。そのため、「日本式」の面接ではそれにふさわしいマナーや受け答えが求められます。服装や髪型もとても重要です。本書を使ってそういった細かい点に注意しながら、面接の準備をすすめましょう。また、会社によっては面接のほかに履歴書やエントリーシート等の提出書類も韓国語と日本語で書くことが求められる場合があります。その場合も、本書を使って準備すれば大丈夫ですが、実際に書類を書くときには教科書の表現を丸写しするのではなく、みなさんの考えを織り交ぜて答えを考えるように工夫してください。
　韓国産業人材公団の報告によると、海外就労を希望する人は、2003年の約9300人から2004年には24000人へと2.6倍に増加し、そのうち20代が全体の70％以上を占めています。人材公団の海外就職部長は「海外就職をするなら言語はもちろん、希望職種に必要な資格や業務能力などを備えるべきだ」と指摘しています。これは、大学で日本語を専攻した学生はもちろん、日本語を専攻していない学生にも十分に就職のチャンスがあるということを意味しています。つまり、日本語以外の自分の専攻を生かして日本語を使う仕事に就くこともできるのです。
　本書で学習した多くの学生が満足する就職ができるよう心よりお祈りしています。
　みなさん、いっしょに頑張りましょう！

면접관으로부터 받은 질문을 단순히 머리 속에서 일본어로 번역하여 답하는 것만으로는 합격하기 어렵습니다. 한국의 기업도 그렇지만 일본 기업은 면접을 매우 중시합니다. 그것은 신입 사원을 채용할 때는 그 사람의 성격과 사고방식 등 인간성을 중시하는 경향이 있기 때문입니다. 그렇기 때문에 「일본식」면접에서는 그런 질문에 알맞은 예절과 답변이 요구됩니다. 옷차림과 머리 모양도 매우 중요합니다. 이 책에서 그런 사소한 점까지 주의하면서 면접 준비를 하도록 합시다. 또 회사에 따라서는 면접 외에도 이력서와 자기 소개서 등 제출 서류도 한국어와 일본어로 써야 하는 경우가 있을 것입니다.
그러한 경우에도 이 책을 사용하여 준비하면 문제 없겠지만 실제로 서류를 쓸 때에는 교과서의 표현을 그대로 사용하지 말고 직접 답을 생각할 수 있도록 궁리하도록 합니다.
    한국 산업 인재 공단의 보고에 의하면 해외 취업을 희망하는 사람은 2003년 약 9300명에서 2004년에는 24000명으로 약 2.6배 증가하였고 그 중 20대가 전체의 70%이상을 차지하고 있습니다. 인재 공단의 해외 취직부장은 '해외 취업을 하려면 언어는 물론이고 희망 직종에 필요한 자격과 업무 능력 등도 갖추어야 한다'고 지적하고 있습니다. 이것은 대학에서 일본어를 전공한 사람은 물론이고 일본어를 전공하지 않은 사람에게도 일본 취업의 기회는 같다는 것을 의미합니다. 즉, 일본어 이외의 전공을 살리고 일본어를 사용하는 직업을 가질 수도 있는 것입니다.
    이 책으로 학습한 많은 학생이 자기가 만족할 수 있는 직업을 가질 수 있다면 바랄 것이 없겠습니다.
    여러분! 함께 열심히 노력합시다!

📍 목차

들어가는 말 | はじめに

이 책의 특징 | 本書の特徴

이 책의 구성 | 本書の構成

격려의 말 | 励ましの言葉

PART Ⅰ 이력서 작성 | 履歴書作成 16
_ 이력서 샘플 1~5 | 履歴書サンプル 1~5 19

PART Ⅱ 설문지(자기소개서) 작성
| エントリーシート(自己紹介書)作成 36
_ 문법편 | 文法編 39
_ 단어편 | 単語編 50
_ 내용편 | 内容編 61
_ 설문지 샘플 1~4 | エントリーシートサンプル 1~4 68

PART Ⅲ 면접 | 面接 80
_ 문법편 | 文法編 83
_ 편리한 표현편 | 便利な表現編 90
_ 면접 실천편 | 面接実践編 94
_ 면접에서 자주 받는 질문 | 面接でよく聞かれる質問 112

PART Ⅳ 인터뷰 | インタビュー 116

PART Ⅴ 생각하는 힌트 | 考えるヒント 206

PART VI 부록 | 付録 220
  _해답 예 | 解答例 222
  _일본 관련 기업 정보 | 日本関連企業情報 229
  _관심 기업 스크랩 | 志望企業スクラップ 238

이 책을 마치며 | 終わりに 252

[칼럼 | コラム]

_이력서는 손으로? 아니면 워드?
  | 履歴書は手書きかパソコンか？ 25
_「hanmail」과 「hotmail」| 「hanmail」と「hotmail」 35
_일본어 관용구와 속담 | 日本語の慣用句とことわざ 45
_가타카나어에는 요주의 | カタカナ語には要注意 49
_정중한 말 | ていねいな言葉 59
_키워드로 보는 한국·일본 구직 활동의 차이
  | キーワードに見る韓国・日本就職活動の違い 78
_몸가짐에 대하여 | 身だしなみについて 92
_지원 서류를 보내는 방법 | 提出書類の送り方 105
_수신처를 작성하는 방법 | 宛名の書き方 115
_FAX를 보내는 방법 | FAXの送り方 148
_일본의 연호 | 日本の年号 219

Part I

이력서 작성
_履歷書作成

여러분은 일본어로 이력서를 써 본 적이 있습니까? 일본의 이력서 양식은 한국과 비슷한 점이 많지만 기입 방법은 상당히 다릅니다. 이 책을 잘 읽고 「일본식」 이력서를 작성하는 방법을 정확히 익혀 두도록 합시다.

적어도 이것은 지키자! 이력서 작성의 포인트

① 정장을 하고 찍은 사진을 사용한다.
캐주얼한 복장의 사진은 단정치 못한 인상을 줄 수 있습니다.
배경도 차분한 색을 사용하는 것이 좋으므로 사진관에서 찍는 것이 좋습니다.

② 반드시 가필을 한 다음에 정서한다.
가필을 하지 않고 바로 작성하게 되면 오자와 탈자가 많아집니다. 수정액을 많이 사용하여 작성한 이력서는 좋지 않은 인상을 주게 됩니다.

③ 이력서에 쓰인 날짜는 통일한다.
특별한 지시가 없는 경우 서력을 사용해도, 일본의 연호(p.219 칼럼「일본의 연호」를 참조)를 사용해도 상관없지만 둘 중 하나로 통일하여 쓰도록 합니다. 또 일본에서는 연령을 만으로 계산하므로 주의해야 합니다.

④ 정자, 가타카나 등의 표기를 잘 확인한다.
여러분은 자신의 주소, 이름, 학교명을 한자로 똑바로 쓸 수 있습니까? 자신이 없는 것은 반드시 사전에서 찾아 확인하도록 합니다. 그 때, 같은 의미를 가진 한자라도 한국에서 쓰이는 서체와 일본에서 쓰이는 서체가 다른 경우가 있습니다. 사소한 차이라고 생각할지도 모르지만 주의하도록 합니다. 또 실수를 알아차리기 어려운 것이 가타카나 단어입니다. 외래어 발음이 한국어와 비슷하다고 해서 그 발음을 그대로 가타카나로 표기해서는 안됩니다. 가타카나의 표기가 틀리면 이력서를 작성한 사람이 매우 유치하다는 인상을 주게 됩니다.

⑤ 이름의 후리가나 표기에 실수하지 않도록 한다.
여러분은 자기 이름을 일본어 가나로 쓸 수 있습니까?
예를 들면 [배용준, 이병헌, 최지우]는 일본에서 매우 인기가 많은데, 일본어로는 일반적으로 [ペヨンジュン, イビョンホン, チェジウ]라고 표기합니다.
여러분의 이름도 가나로 쓸 수 있도록 연습해 두십시오.
그리고 이력서에「ふりがな」로 표기하라고 쓰여 있을 때에는 히라가나로,「フリガナ」로 표기하라고 쓰여 있을 때에는 가타카나로 쓰는 것을 원칙으로 하고 있습니다. 이력서의 지시에 따라 작성하도록 합니다.

⑥ 이력서를 복사해 둔다.
제출할 이력서는 반드시 복사해서 보관해 두도록 합니다. 면접을 볼 때에 이력서에 쓴 내용과 다르게 말하지 않도록 하기 위해서입니다.

Sample

이력서 샘플 1 | 대학생 | **悪い例**

履　歴　書　20**年　**月　**日現在

ふりがな	アン　ソン　ヨップ ❶
氏　名	安　成　葉

19**年　**月　**日生（満　**歳）　　※ （男）・女

ふりがな	ソウルトクベツシ　チョンノク　ウォンナムドン ❶	電話 02-****-****
現住所　〒110-450　　ソウル特別市　鐘路区　苑南洞 13		
ふりがな		電話
連絡先　〒　　　（現住所以外に連絡を希望する場合のみ記入）		

年	月	学歴・職歴（各別にまとめて書く）
		学歴 ❸
****	3	ソウル市立　〇〇初等学校　入学
****	2	ソウル市立　〇〇初等学校　卒業
****	3	ソウル市立　××中学校　入学
****	2	ソウル市立　××中学校　卒業
****	3	ソウル市立　□□高等学校　入学
****	2	ソウル市立　□□高等学校　卒業
****	3	〇〇大学校　経済大学　入学
****	3	〇〇大学校　経済大学　四年　在学中
		職歴 ❹
****	*	陸軍　入隊 ❺
****	*	陸軍　転役
		以上

記入上の注意　1. 鉛筆以外の黒又は青の筆記具で記入。　2. 数字はアラビア数字で、文字はくずさず正確に書く。
　　　　　　3. ※印のところは、該当するものを〇で囲む。

Sample 이력서 샘플 1 | 대학생 | 悪い例

年	月	⑥ 免許・資格
****	*	第二種普通自動車免許 取得
****	*	日本語能力試験2級 合格

健康状態 ⑦	趣味 ⑧	通勤時間	
健康	映画感想	40 分	
スポーツ ⑨	特技 ⑩	扶養家族数（配偶者を除く）	
サッカ		0 人	
		配偶者	配偶者の扶養義務
		※ 有・無	※ 有・無

本人希望記入欄（特に給料・職種・勤務時間・勤務地・その他についての希望などがあれば記入）
年俸350万円以上
勤務時間8時間
週休2日希望 ⑪

아르바이트에 대하여~

특별한 경력이 없다면 아르바이트 경험을 쓸 수 있습니다. 일반적으로 반년 이상 계속한 경우를 쓰게 되는데 만약 지원하는 회사와 관계가 있는 일이라면 단기간이라도 적극적으로 써보도록 합시다. 지원하는 직종에 관계가 있는 아르바이트 경험은 좋은 특이 사항이 될 것입니다.

예 1) 2000年3月～2001年2月　○○大学図書館　図書整理アルバイト
　　2) 2004年10月　第4回　韓・日合弁企業就職セミナー　日本語通訳

이것이 포인트

샘플 1은 대학생이 처음으로 일본어로 쓴 이력서로 기본적인 실수가 눈에 띕니다. 아래에서 일본어 이력서의 기본적인 원칙에 대해 설명하겠습니다.

❶ 「ふりがな」일 때에는 히라가나로 쓸 것.
「フリガナ」일 때에는 가타카나로 쓸 것.

❷ 사진은 정장 차림 혹은 흰 와이셔츠에 넥타이를 착용할 것.

❸ 「初等学校」→ 小学校

❹ 「大学校」→ 大学
「経済大学」→ 経済学部

❺ 「陸軍入隊」→ 義務兵役開始(陸軍入隊)
「陸軍転役」→ 義務兵役終了(陸軍除隊)

❻ 「第二種普通自動車免許」
→「韓国　第二種普通自動車免許　取得(日本の第一種普通自動車 免許に相当)」
한국의 제2종 면허는 일본의 제1종 면허에 해당.

한국과 일본 운전면허 비교

	한국	일본
제1종	사업용 및 비사업용 자동차 모두를 운전할 수 있다.	영업용 자동차를 운전할 수 없다.(예 영업용 택시 등)
제2종	사업용 자동차를 운전할 수 없다. (예 영업용 택시 등)	영업용 자동차를 운전할 수 있다.

❼ 「健康」→ 良好

❽ 「映画感想」→ 映画鑑賞

❾ 「サッカ」→ サッカー

❿ 「　　　　」
→ 뭐든지 쓰도록 하자. 공란으로 두면 안 된다.

⓫ 「年棒350万円以上・勤務時間8時間・週休2日希望」
→ 너무 자세한 희망을 쓰면 불리하게 작용할 수도 있으니 쓰지 말 것.
「特にありません。」이라고 쓰는 것이 일반적.

Sample

이력서 샘플 2 | 대학생 | **悪い例**

履 歴 書 20**年 **月 **日現在

ふりがな	きむ はな		
氏　名	金　하나 ❶		※男・⑨
19**年 **月 **日生(満 **歳)			

ふりがな	そうるとくべつし　ちょんのく　うぉんなむどん	電話 02-****-****
現住所	〒110-450　ソウル特別市　鐘路区　苑南洞 13	
ふりがな		電話
連絡先	〒　　　(現住所以外に連絡を希望する場合のみ記入)	

年	月	学歴・職歴(各別にまとめて書く)
		学歴
****	3	釜山市立 ○○小学校　入学
****	2	釜山市立 ○○学校　卒業
****	3	蔚山市立 ××中学校　入学
****	2	蔚山市立 ××中学校　卒業
****	3	蔚山市立 △△女子高等学校　入学
****	2	蔚山市立 △△女子高等学校　卒業
****	3	□□大学　外国語学部　日本語学課　入学 ❷
****	4	大江戸大学文学部(日本・東京都)へ1年間留学
****	2	□□大学　外国語学部　日本語学科　卒業予定 ❸
		職歴
****	*	デパートでアルバイトをしました。 ❹
		以上

記入上の注意　1. 鉛筆以外の黒又は青の筆記具で記入。　2. 数字はアラビア数字で、文字はくずさず正確に書く。
　　　　　　 3. ※印のところは、該当するものを○で囲む。

年	月	免許・資格
****	*	日本語能力試験1級　合格
****	*	情報技術資格(ITQ)　ハングルエックセルA ❺
****	*	TOEIC　710点
****	*	JPT　850点

健康状態 ❻ 元気	趣味 ❼ 音楽観賞	通勤時間　　　　1　分
		扶養家族数(配偶者を除く)　　0　人
スポーツ ❽ 全部	特技 料理	配偶者　※　有・無	配偶者の扶養義務　※　有・無

本人希望記入欄(特に給料・職種・勤務時間・勤務地・その他についての希望などがあれば記入)

勤務地は大邱を希望します。 ❾

이것이 포인트

샘플 2도 샘플 1과 마찬가지로 일본어 이력서의 기본적인 작성 방법을 이해하지 못한 경우입니다. 기본적인 작성방법을 지키지 않으면 상식이 부족하다는 인상을 주기 때문에 똑바로 익혀두어야 합니다.

❶ 한자가 없는 순 한국어 이름일 경우에는 가타카나로 쓸 것.

❷ 「学課」→「学科」

❸ 「卒業予定」→「卒業見込み」

❹ 「デパートでアルバイトをしました。」
→ 기간(○년○월~○년○월)과 백화점 명(○○백화점)을 쓴다.
예 ○○デパートでアルバイト(2004年8月~現在)

❺ 「ハングルエクセルＡ」
→가타카나 단어는 사전에서 확인한 후 쓸 것.
예「ハングルエクセルＡ」

❻ 「元気」→「良好」

❼ 「音楽観賞」→「音楽鑑賞」

❽ 「全部」→「全部」는 아무것도 쓰지 않는 것과 같다. 구체적으로 쓸 것.

❾ 「勤務地は大邱を希望します。」→「実家から通勤可能な勤務地を希望します。」
회사에 입사한 후 부모와 동거해야 하는 등의 조건이 있는 경우에는 그 이유를 기재할 것.

휴학에 대하여~

한국의 대학생은 군대 외에도 다양한 이유로 휴학하는데 반해 일본의 경우 중병과 같은 특별한 이유가 없는 한 휴학을 하지 않습니다. 일본에서는 휴학에 대한 인상이 좋다고 할 수 없습니다. 만약 지원할 회사가 한국 대학의 휴학에 관한 자세한 사정을 모르는 경우에는 휴학에 대해 쓰지 않는 것이 현명합니다. 또 면접을 볼 때 휴학에 대한 질문을 받으면 상대방이 납득할 수 있을 만한 이유를 들어 답할 수 있도록 미리 준비해 두는 것이 좋습니다.

Column

履歴書は手書きかパソコンか。
이력서는 손으로? 아니면 워드?

이력서는 직접 쓸 수도 있고 워드를 이용하여 작성할 수도 있지만 기본적으로는 지원한 회사의 지시에 따르게 됩니다.

손으로 써야 하는 경우에는 실제로 용지에 기입하기 전에 내용은 물론이고 글자의 크기 등, 전체의 균형을 생각하고 나서 정성을 들여 쓰도록 합니다.

쓰기 전에 한번 가필을 해 두면 실수를 줄일 수 있습니다. 틀린 부분을 수정액을 사용하여 수정하여 작성한 이력서를 가끔 보게 되는데, 틀렸을 때에는 수정액을 사용하지 말고 처음부터 다시 한 번 쓰는 것이 좋습니다.

특히 일본 회사인 경우에는 그런 사소한 부분에서 회사에 대한 지원자의 열의를 살펴보려고 하는 경향이 있으므로 주의해야 합니다. 또 일본에서는 특별한 지시가 없으면 이력서는 손으로 직접 쓰는 것이 원칙입니다.

워드로 작성하는 경우에는 한자 변환에 신경을 쓰도록 합니다. 자신이 없을 때에는 반드시 사전으로 확인해야 합니다. 또, 워드로 작성한 이력서는 몇 장이라도 인쇄할 수 있어서 편리한데, 제출하는 날을 잘 확인한 후에 인쇄하도록 합니다.

자기소개서에 대해서도 기본 원칙은 같습니다. 단 자기소개서인 경우에 지원하는 회사마다 지원 동기 등의 내용을 바꾸어 준비하는 것이 상식입니다.

Sample

이력서 샘플 3 | 대학생(편입생) | **악い例**

履 歴 書 20**年 **月 **日現在

ふりがな　　ぱく　ひょうしん	
氏　名　　　朴　　孝　　信	※ 男・⒧女⒪
19**年　**月　**日生(満　**歳)	

ふりがな　そうるとくべつし　ちょんのく　うぉんなむどん　　　　電話 02-****-****

現住所　〒110-450
　　　　　ソウル特別市　鐘路区　苑南洞　4-1

ふりがな　　　　　　　　　　　　　　　　　　　　　　　　　　電話
連絡先　〒　　　(現住所以外に連絡を希望する場合のみ記入)

年	月	学歴・職歴(各別にまとめて書く)
		学歴
****	3	大田市立　△小学校　入学
****	2	大田市立　△小学校　卒業
****	3	天安市立　○○女子中学校　入学
****	2	天安市立　○○女子中学校　卒業
****	3	□□第一女子高等学校　入学
****	2	□□第一女子高等学校　卒業
****	3	○X専門大学　観光情報学部　観光学科　入学
****	2	○X専門大学　観光情報学部　観光学科　卒業
****	3	△△大学　外国語学部　英語文学科　3年次編入
現在		△△大学　外国語学部　英語文学科　4年在学中

記入上の注意　1. 鉛筆以外の黒又は青の筆記具で記入。　2. 数字はアラビア数字で、文字はくずさず正確に書く。
　　　　　　　3. ※印のところは、該当するものを○で囲む。

年	月	学歴・職歴（各別にまとめて書く）		
		職　歴		
****	*	VIP旅行社　入社		
****	*	VIP旅行社　退社		
****	3			以　上

年	月	免許・資格 ❶
****	*	日本語能力試験2級　合格
****	*	日本語能力試験1級　合格
****	*	情報技術資格（ＩＴＱ）Power point B等級
****	*	韓国・第二種普通自動車免許取得(日本の第一種普通自動車免許に相当)

健康状態 ❷ 丈夫	趣味 ❸ チェッティング、十字刺繍	通勤時間 　　　　　1　時間
		扶養家族数（配偶者を除く） 　　　　　0　人
スポーツ ❹ マラソン	特技 書道	配偶者 ※　有・無	配偶者の扶養義務 ※　有・無

本人希望記入欄(特に給料・職種・勤務時間・勤務地・その他についての希望などがあれば記入)

残業はしたくありません。　❺

이것이 포인트

샘플 3은 경력과 편입 경험이 있는 이력서의 예입니다. 앞의 예보다 개선되었지만 아직 수정해야 할 부분이 남아 있습니다

- -

❶ 「日本語能力試驗2級　合格」
　→ 1급에 합격했다면 2급에 합격한 사실은 쓸 필요가 없다.

❷ 「丈夫」→「良好」

❸ 「CHATTING」은 일본어로는 「チャット」이지만 이력서에는 「インターネット」로 쓰는 것이 좋다. 또 「十字刺繡」라고 써도 의미는 통하지만 「手芸」라고 쓰는 것이 일반적이다.

❹ 일본어에서 말하는 「マラソン(마라톤)」은 본격적인 장거리를 의미한다.
　단순한 운동 정도라면 「ジョギング(조깅)」라고 쓰는 것이 좋다.

❺ 「잔업은 피하고 싶다」라고 쓰지 않는 것이 좋다. 소극적이고 제멋대로라는 인상을 준다. 근무 시간에 대해서는 면접을 볼 때 직접 인사 담당자에게 질문을 받았을 경우에 답하는 것이 좋지만 그런 경우에도 「잔업은 피하고 싶다」라고 하지 않는 것이 좋다.

일본어에 없는 말은 간단한 설명을 첨부

이력서에서 자신의 취미 등에 대해 쓸 때, 읽는 사람이 알 수 없는 사항에 대해서는 보충하는 설명을 쓰는 것이 좋습니다.

　[예]　チャング(韓国の小太鼓)
　　　　カヤグム(韓国の琴)

Sample
이력서 샘플 4 | 대학원생 | **悪い例**

履 歴 書 20**年 **月 **日現在

フリガナ	イム　スン　ペク	
氏　名	林　淳　白	
19**年　**月　**日生（満　**歳）	※ ㊚・女	

フリガナ	ソウルトクベツシ　チョンノク　ウォンナムドン	電話 02-****-****
現住所	〒110-450　ソウル特別市　鐘路区　苑南洞　13	
フリガナ		電話
連絡先 〒	（現住所以外に連絡を希望する場合のみ記入）	

年	月	学歴・職歴（各別にまとめて書く）
		学歴
****	3	光州市立　○小学校　入学
****	2	光州市立　○小学校　卒業
****	3	光州市立　X中学校　入学
****	2	光州市立　X中学校　卒業
****	3	○△高等学校　入学
****	2	○△高等学校　卒業
****	3	□□大学　工学部　機械工学科　入学　（休学4年間）
****	2	□□大学　工学部　機械工学科　卒業
****	3	□□大学大学院　工学研究科　修士過程　入学 ❶
****	2	□□大学大学院　工学研究科　修士過程　終了見込み ❷
		職歴
****	9	義務兵役開始（○○警察署勤務）
****	11	義務兵役終了

記入上の注意　1. 鉛筆以外の黒又は青の筆記具で記入。　2. 数字はアラビア数字で、文字はくずさず正確に書く。
　　　　　　　3. ※印のところは、該当するものを○で囲む。

Sample | 이력서 샘플 4 | 대학원생 | **悪い例**

年	月	学歴・職歴（各別にまとめて書く）
****	*	さっぽろラーメン池袋店　アルバイト開始（ワーキングホリデーで来日）
****	*	アルバイト終了　❸
		以　上

年	月	❹　免許・資格
****	*	テコンドー　一段
****	*	韓国・第二種普通自動車免許取得（日本の第一種普通自動車免許に相当）
****	*	TOEIC　800点
****	*	在ソウル日本大使館主催　日本語弁論大会　優秀賞
****	*	日本語能力試験1級　合格

健康状態	趣味　❺	通勤時間
良好	読書	1　時間
スポーツ	特技	扶養家族数（配偶者を除く）　0　人
テコンドー・テニス	ドライブ	配偶者　※　有・無　　配偶者の扶養義務　※　有・無

本人希望記入欄（特に給料・職種・勤務時間・勤務地・その他についての希望などがあれば記入）
機械の設計業務を希望します。　❻

이것이 포인트

샘플 4는 대학원생의 예입니다. 학력・자격도 기재에 큰 실수는 없지만 조금 수정해야 할 부분이 있습니다. 아래의 해설을 읽고 수정하면 이력서는 완성입니다

❶ 「過程」→「課程」
 틀리기 쉬우므로 주의할 것.

❷ 「終了」→「修了」
 이것도 틀리기 쉬우므로 요주의.
 참고로 대학까지는 「卒業」을 사용하고, 대학원은 「修了」를 사용할 것.

❸ 「アルバイト終了」→「同店アルバイト終了」
 「그 상점」이라는 의미로 「同店」을 사용한다.
 학교의 경우에는 「同校」, 회사의 경우에는 「同社」를 쓴다.

❹ 「一段」→「初段」

❺ 「読書」는 장르를 구체적으로 쓰면 인상에 남는다.
 예 読書(日本の現代小説)

❻ 전문적인 지식 기술을 가지고 있는 경우에 직종의 희망을 희망기입란에 써도 좋다.

부양가족・배우자에 대하여

이력서에는 아래와 같은 표가 있는 경우가 있습니다.
扶養=금전적으로 돌보고 있는 것을 말합니다. 만약 지금 일하고 있고 그 돈으로 생활하는 가족이 있다면 그 명 수를 쓰면 됩니다.
配偶者=결혼한 경우 결혼 상대를 말합니다.
따라서 대부분의 대학생인 경우 아래 표와 같습니다.

扶養家族数(配偶者を除く)	
0 人	
配偶者	配偶者の扶養義務
※ 有・(無)	※ 有・(無)

履 歴 書 20**年 **月 **日現在

フリガナ	イ　ヒョン　チョル
氏　名	李　賢　哲

19**年 **月 **日生(満 ** 歳)　※ 男・女

フリガナ	ソウルトクベツシ　チョンノク　ウォンナムドン	電話 02-****-****
現住所	〒110-450　　ソウル特別市　鐘路区　苑南洞 13	
フリガナ		電話
連絡先	〒　　(現住所以外に連絡を希望する場合のみ記入)	

年	月	学歴・職歴(各別にまとめて書く)
		学歴
****	3	ソウル○△高等学校　入学
****	2	ソウル○△高等学校　卒業
****	3	○○国際大学　外国語学部　日本語学科　入学
****	2	○○国際大学　外国語学部　日本語学科　卒業見込み
		職歴
****	*	陸軍　入隊(徴兵)
****	*	陸軍　満期除隊
****	3	2004年9月～現在　○○コンビニエンスストア　アルバイト
		以　上

記入上の注意　1. 鉛筆以外の黒又は青の筆記具で記入。　　2. 学歴は高校入学以降のものを記入。
　　　　　　　3. 数字はアラビア数字で、文字はくずさず正確に書く。
　　　　　　　4. ※印のところは、該当するものを○で囲む。

年	月	免許・資格
****	*	韓国・第一種大型自動車免許　取得(日本の第二種普通自動車免許に相当)
****	*	テコンドー初段　合格
****	*	日本語能力試験一級　合格

健康状態 良好	趣味 日本の映画鑑賞、海釣り	通勤時間　　約　1　時間　　10分	
		扶養家族数(配偶者を除く)　　　0　人	
スポーツ バドミントン	特技 いつでも明るい雰囲気を作ることができる	配偶者 ※　有・⑭	配偶者の扶養義務 ※　有・⑭

本人希望記入欄(特に給料・職種・勤務時間・勤務地・その他についての希望などがあれば記入)
特にありません。

保護者(本人が未成年者の場合のみ記入) ふりがな		電話
氏　　名	住　所　〒	

이것이 포인트

샘플 5는 특별히 고칠 부분이 없는 이력서입니다. 학력란의 기입이 고등학교 입학부터인 것은 「기입상의 주의」를 따르고 있기 때문입니다. 이력서와 신청서를 쓰기 전에 반드시 기입상의 주의를 확인하도록 합니다

・・・

메모

경력에 관한 용어

卒業証明書(졸업증명서), 在学証明書(재학증명서),
成績証明書(성적증명서), 推薦書(추천서), 卒業見込み証明書(졸업예정증명서),
インターンシップ(인턴쉽), ボランティア(자원봉사),
ワーキングホリデー(워킹 홀리데이)

컴퓨터에 관련된 용어

パソコン(컴퓨터), ノートパソコン(노트북), デスクトップ(데스크톱), プリンター(프린터), ホームページ(홈페이지), インターネット(인터넷), Eメール(이메일), メールアドレス(메일 주소), @アットマーク(골뱅이), ドット(점), CD-ROM, フロッピーディスク(플로피 디스켓), 添付ファイル(첨부 파일), MSワード(MS 워드), エクセル(엑셀), パワーポイント(파워포인트), CAD, デジタルカメラ(디지털 카메라)

Column

「hanmail」と「hotmail」
「hanmail」과 「hotmail」

　이메일 주소를 가지고 있습니까? 한국에서는 일반적으로 「hanmail」이 널리 이용되고 있는데 일본에서는 거의 사용되지 않습니다.

　따라서 일본인에게 「hanmail」이라고 하면 대부분의 일본인은 MSN이 제공하는 메일링 서비스인 「hotmail」이라고 생각할 것입니다. 또 일본에서 등록한 「hotmail」에서 「hanmail」로 메일을 보내면 호환성의 문제로 제대로 들어가지 않는 경우도 있다고 합니다.

　그래서 최근에는 한국에서도 국내용으로 사용하는 「hanmail」 외에 해외용으로 「hotmail」이나 「yahoo」와 같은 포털 사이트의 주소를 만드는 사람이 증가하고 있습니다.

　만약 일본에 있는 회사와 연락을 하고자 하는 경우에는 이 점을 참고하도록 하십시오.

Part II

설문지 (자기소개서) 작성

_エントリーシート(自己紹介書)作成

설문지(자기소개서)를 작성하기 위해서는 충분한 준비가 필요합니다. 일본어로 설문지를 작성할 때에는 처음에 한국어로 내용을 생각해도 좋지만 그 내용을 일본어로 직역하기만 해서는 안 됩니다. 문법, 단어, 내용을 충분히 이해합시다.

설문지(자기소개서) 작성의 포인트

① 반드시 가필을 하고 나서 쓸 것.

이력서 작성편에서도 언급했듯이 가필을 하지 않고 쓰면 오자와 탈자가 많이 나오게 됩니다. 워드 프로세서를 사용하는 경우에는 특히 한자 변환 미스를 주의합시다.

② 한자와 가타카나 등의 표기를 똑바로 확인할 것.

번거롭다고 생각하지 말고 반드시 확인하도록 합시다.

③ 지원할 회사마다 다르게 작성할 것.

지원할 회사에 따라 자신을 드러내는 포인트를 달리 하는 것이 좋습니다. 조금 번거롭다고 해서 모든 회사의 설문지(자기소개서)를 같은 내용으로 쓰면 합격은 멀어지게 됩니다.

④ 내용은 구체적으로 쓸 것.

구체적으로 쓰기 위해서는 사전 조사를 하고 나서 써야 합니다. 자신이 다른 지원자와 다른 점을 잘 생각하여 그것을 구체적으로 쓰기 위해 충분한 시간을 투자합시다.

⑤ 설문지(자기소개서)를 복사해 둘 것.

제출한 설문지(자기소개서)도 반드시 복사해서 보관해 두도록 합시다. 면접을 볼 때에는 일반적으로 본인이 제출한 설문지를 보면서 이루어지게 됩니다.

문법편 | 초급

1 문장의 접속1

「~し、~」은 가까운 사람에게 사용하는 회화 표현이므로 면접과 같이 공적인 자리에서는 다음과 같이 말하는 것이 좋습니다.
- 동사 → マス형　예 行く-行き、~
- イ형용사 → テ형(마지막의 テ를 생략)　예 おもしろい-おもしろく、~
- な형용사 → テ형　예 親切な-親切で、~

 확인문제

1. 大学では友達も増えたし、サークル活動でテニスもしました。
   → _____

2. 日本語は高校から勉強をはじめたし、大学に入ってからも勉強を続けました。
   → _____

3. アルバイトの経験も多かったし、日本へ留学もしました。
   → _____

4. 歴史も長いし、良い会社だと思います。
   → _____

5. 日本語の成績がいいし、英語も話すことができます。
   → _____

6. 私の故郷は静かだし、空気もきれいです。
   → _____

7. 御社(おんしゃ)の製品は韓国でも有名だし、私もいつも愛用(あいよう)しています。
   → _____

8. 友達の田中さんはまじめだし、ハンサムだし、とても優しいです。
   → _____

2 문장의 접속2

문말이「です・ます」체로 끝날 때는 접속부분도「～ですが・～ますが」가 되어야 합니다.

확인문제

1. まだわからないが、卒業論文はできれば韓流について書きたいです。

   → _____

2. まだ足りないところも多いが、もっとがんばるつもりです。

   → _____

3. 営業職を志望しているが、企画の仕事にも興味があります。

   → _____

4. 英語のほかに日本語とロシア語を勉強しているが、英語がいちばん難しいです。

   → _____

5. 私はせっかちだが、友達の中ではそれほどせっかちではない方です。

   → _____

6. 日本に旅行するために去年からアルバイトをしているが、なかなかお金がたまりません。

   → _____

7. 学生生活は楽しかったが、もっと専門の勉強をすればよかったと思っています。

   → _____

8. 先週御社にメールを出したが、届きませんでした。

   → _____

3 ~ように

지금까지 불가능했지만 가능해졌다는 변화를 표현할 경우에는 표현에 주의해야 합니다.
× 「사전형+ようになる」
○ 「가능형+ようになる」

확인문제

1. 日本語の小説を読むようになりました。

   → _____

2. 最近、パワーポイントを上手に扱うようになりました。

   → _____

3. 日本語でEメールをするようになりました。

   → _____

4. 日本語のビジネス会話を勉強したので、電話の応対もするようになりました。

   → _____

5. 英語のニュースも聞き取るようになりました。

   → _____

6. 韓国のケーブルテレビでも日本のドラマが見るようになりました。

   → _____

4 ～と思います

자신의 의견과 기분에 대해 쓸 때는 단정적인 표현은 피하고 「～と思います」를 사용하는 것이 좋습니다.

확인문제

1. 今後も、韓国と日本の交流は深くなります。

    → _____

2. 貴社の技術は、海外でも高く評価されています。

   → _____

3. 地球温暖化の問題は、避けては通れません。

   → _____

4. これからも私の考えは変わらないだろう。

   → _____

5. FTAの交渉がまとまれば、韓国と日本の貿易はますます活発になります。

   → _____

6. 私は、子供の頃から航空会社で働きたかったです。

   → _____

7. 会社に入って最初は失敗することもあるかもしれませんが、だんだん慣れてきます。

   → _____

8. 日本の方もはっきり自分の意見を言った方がいいです。

   → _____

5 지시사

설문지(자기소개서)를 읽는 사람은 제출한 사람이 쓴 정보에 대해서 알 수 없으므로 「あの・あそこ」를 사용하지 말고「その・そこ」를 사용하는 것이 좋습니다.

확인문제

1. 私は日本大使館主催の日本語弁論大会で入賞しました。
   あの時の研修旅行で初めて福岡へ行きました。

   → _____

2. 小学校の時、担任だった先生を今でも尊敬しています。
   あの先生は、いつも私たちの味方でした。

   → _____

3. 私は日本に留学していた時、ラーメン屋でアルバイトをしていました。あそこは、夜になると会社帰りのサラリーマンでいつもいっぱいでした。

   → _____

4. 私は中学生の時にはじめて日本の歌を聞きました。あれがきっかけで、日本語の勉強を始めました。

   → _____

5. 私が会社でしたいこと、あれは企画の仕事です。

   → _____

6 문말표현1

상대에게 뻔뻔스러운 인상을 줄 수 있으므로 설문지(자기소개서)에서는「〜ん(の)です」를 사용하지 않는 것이 좋습니다.

확인문제

1. 私は子供の頃から御社にあこがれていたのです。

   → _____

2. ぜひ、営業の仕事をしてみたいんです。

   → _____

3. 女性の社会参加が必要だと思うのです。

   → _____

4. 私はバイリンガルになることを目標に勉強していたんですが、バイリンガルになるのは本当に難しいことだとわかりました。

   → _____

5. 大学では観光を専攻したのですが、副専攻で受けた日本語の授業が
   おもしろかったので、こうして日本語の仕事をしたいと思うまでに
   なりました。

   → _____

7 문말표현2

상대에게 뻔뻔스러운 인상을 줄 수 있으므로「~じゃないですか」나「~ではあり
ませんか」와 같은 표현은 사용하지 않는 것이 좋습니다.

확인문제

1. 最近、韓国を訪れる日本人観光客が多いじゃないですか。
   それで、ホテルや旅行会社だったら日本語を使う仕事が多くあると
   思い、貴社を志望しました。

   → _____

2. ＫＴＸが開通したではありませんか。
   そのおかげで、大邱からソウルまで１時間40分で行けるようになり
   ました。

   → _____

3. 私はいつも笑顔で仕事をするように心がけています。
   「笑う顔に唾を吐くことができない」という言葉もあるじゃないです
   か。

   → _____

Column

日本語の慣用句とことわざ
일본어 관용구와 속담

관용구와 속담을 사용하면 표현이 풍부해지기는 하지만 그대로 일본어로 직역할 수 있는 것과 그럴 수 없는 것이 있으므로 사용하기 전에 반드시 일본어의 의미를 확인하도록 합시다.

면접 등에 자주 사용되는 표현 중에서 일본어로 직역할 수 없는 관용구의 예

한국말	직역	일본식 표현
입이 무겁다	口が重い	口が堅い
한 우물을 판다	一つの井戸を掘る	石の上にも三年
배짱 맞다	腹が合う	気が合う
발이 넓다	足が広い	顔が広い
멧돼지 잡으려다 집돼지 놓친다	いのししを捕ろうとして飼い豚を逃がす	二兎を追う者は一兎も得ず
쇠뿔은 단김에 빼라	牛の角は一気にぬけ	善は急げ
가는 날이 장날	行った日が市場の日	思い立ったが吉日
귀가 얇다	耳が薄い	人に影響されやすい
생각이 짧다	考えが短い	考えが足りない

문법편 | 고급

1. 수수(～てくれる、～てくださる)、(～てもらう、～ていただく)

감사하는 마음을 표현하고자 할 때에는 수수표현(～てくれる、～てくださる)、(～てもらう、～ていただく)을 사용합니다. 그 경우 보통「私」는 생략합니다.

확인문제

1. 私が落ち込んでいたとき、友達が私を励ましました。

   → _____
   → _____

2. 日本人の友達が私に日本の就職の本を送りました。

   → _____
   → _____

3. 入学祝いに両親が私に電子辞書を買いました。

   → _____
   → _____

4. 先生が私たちに歌舞伎(かぶき)について解説しました。

   → _____
   → _____

5. 大学の就職課の方が私を推薦しました。

   → _____
   → _____

2 수동

수동표현(〜れる、〜られる)을 사용할 때 주어를 「私」로 하면 읽기 쉽습니다. 「私」가 주어를 나타내는 경우, 생략되는 경우가 많습니다. 또 불특정한 사람이 어떤 동작을 할 때에도 수동 표현을 사용하면 객관적인 문장이 됩니다.

확인문제

1. 友達が私を日本への旅行に誘いました。

   (수수)

   → _____

   (수동)

   → _____

2. 先輩はいつも私を助けました。

   (수수)

   → _____

   (수동)

   → _____

3. 友達は私に進路について聞きました。

   (수동)

   → _____

4. 大学は私を奨学生に選びました。

   (수동)

   → _____

5. 世界中の人々が日本のアニメーションを楽しんでいます。

   (수동)

   → _____

6. 10年後には、多くの人が携帯テレビを使っていると思います。

   (수동)

   → _____

7. 韓国の消費者は御社の製品を愛用しています。

   (수동)

   → _____

3 쉼표(、)

쉼표(、)를 찍으면 읽기 쉬워집니다.

확인문제

1. 父と母は共働きだったので私はいろいろなことを自分でしなければなりませんでした。

   → _____

2. 学費を稼ぐために数々のアルバイトをしながらお金を稼ぐことの難しさを知りました。

   → _____

3. 短大に通っていた時手話サークルに参加して手話(しゅわ)を一生懸命学んだり養護施設や老人ホームでボランティアをしたりしました。

   → _____

4. 高校生の時第二外国語の授業として日本語の勉強を始めるまで日本語に全然関心がなかった私でしたが友人の誘いで日本の歌を聞くようになり日本語が楽しくなってきました。

   → _____

5. 私は大学で国際経済学を専攻しています。大学で学んだことが直接実務に役立つかどうかわかりませんが基本的な学問の考え方を踏まえたうえで現実のマーケットで仕事をしていくことができたらたいへん有意義だと思っています。

   → _____

Column

カタカナ語には要注意
가타카나어에는 요주의

만약 '가타카나어를 쓸 수 있습니까?'라고 물으면 '네, 간단합니다. 모두 쓸 수 있습니다'라고 대답할 수 있을지도 모릅니다.

그렇지만 가타카나 문자는 간단해도 가타카나어는 매우 어려운 것입니다. 시험삼아 다음 단어를 가타카나어로 바꾸어 봅시다.(정답 → p.226)

- 버스   →
- 배드민턴   →
- 인터넷   →
- 매너   →
- 이미지   →
- 택시   →
- 컴퓨터   →
- 피아노   →
- 워크맨   →
- 서비스   →

10문제 중 몇 문제까지 맞출 수 있습니까? 전부 맞춘 사람은 그리 많지 않을 것입니다. 가타카나어의 어려움을 실감할 수 있었습니까? 이력서와 자기소개서를 쓸 때, 비슷한 실수를 해서는 안 됩니다. 가타카나어가 제대로 표기되어 있지 않은 이력서와 자기소개서는 매우 유치한 인상을 주게 됩니다. 아무리 거기에 쓰인 내용이 훌륭하다 해도 가타카나어가 엉망이면 서류 심사에 탈락하게 됩니다. 자신이 없을 때는 쓰기 전에 반드시 사전으로 확인해 둡시다.

단어편 |

한국어에서 일본어로 직역할 수 없는 말로, 구직 활동을 하는 경우 자주 쓰이는 예를 소개합니다.

1 가타카나어, 약어

일본어에서 사용되지 않는 가타카나어는 사용하지 않는 것이 좋습니다.
대략적인 의미는 통할지도 모르나 부자연스러운 인상이 남으며, 약어도 마찬가지입니다. 다음은, 한국어로 자주 쓰이는 단어와, 그 단어가 들어간 부자연스러운 문장입니다. 각각의 문장에서의 문맥에 맞게, 다른 단어를 사용하여 새로운 문장을 만들어 봅시다.

▶ スタイル

特にストレスを受けたら、暴食するスタイルです。

→ _____

[힌트] 일본어에서 말하는「スタイル」는 일반적으로 신체에 관한 표현에 사용된다.
[예] (テレビを見ながら)あのモデルはスタイルがいいですね。

▶ サービスマインド

サービスマインドを持つスチュワーデスになりたいです。

→ _____

[힌트] 한국에서는 서비스를 제공하는 사람의 마음가짐이라는 의미로「サービスマインド」라는 말을 사용하는데 일본어에서는 사용하지 않는다.

▶ ソーシャルライフ

私はソーシャルライフを通じて困難な問題も乗り越えられる自信を持ちました。

→ _____

[힌트] 아르바이트와 같은 경험을 쓸 때, 사회 생활이라는 의미로「ソーシャルライフ」라는 말을 사용하는데 일본에서는 사용하지 않는다.

▶ AS

御社はＡＳがとても充実していると聞いたことがあります。

→ _____

〔힌트〕「AS」는 한국에서 만들어진 말. 일본어에서는 그대로 외국어로서 사용할 수 없다.

▶ ～C

21Ｃは情報・通信の時代だと言われています。

→ _____

〔힌트〕한자어로 쓸 것.

▶ バイト

去年の7月から花屋でバイトをしています。

→ _____

〔힌트〕일상 회화에서는「バイト」라고 해도 상관없지만 정중한 표현은 아니다.

▶ ケータイ

韓国の大学生は、ほとんどケータイを持っています。

→ _____

〔힌트〕일상 회화에서는「ケータイ」라고 해도 상관없지만 정중한 표현은 아니다.

2 형용사・부사・수사

형용사・부사를 효과적으로 사용하면 표현이 풍부해지지만 항상 한국어와 일본어의 차이를 의식하여 구분하여 쓰는 연습이 필요합니다. 아래의 예를 잘 살펴보고 외워두도록 합시다.

▶ 多様な

多様な勉強をしました。

→ _____

〔힌트〕'다양한'의 직역은 사용하지 않는다.

▶ やさしく

やさしくあきらめません。

→ _____

〔힌트〕 '쉽게'의 직역은 사용하지 않는다.

▶ 多い

多いゲームソフトがあります。

→ _____

〔힌트〕 「多い」는 イ형용사 중에서도 예외적인 활용을 한다.

▶ 頑丈な

貴社は頑丈な会社だと思います。

→ _____

〔힌트〕 「頑丈な」는 건물 등이 튼튼하고 건실하다는 모양을 나타내는 말.

▶ もっと関心がある

広告の分野にもっと関心があります。

→ _____

日本語ガイドの仕事に関心がもっとあります。

→ _____

〔힌트〕 '더'의 직역은 사용하지 않는다.

▶ たくさん関心がある

日本の自動車産業にたくさん関心があります。

→ _____

日本の外食産業に関心がたくさんあります。

→ _____

〔힌트〕 '많이'의 직역은 사용하지 않는다.

▶ 続けて

日本の小説が続けて好きでした。

→ _____

〔힌트〕 '계속해서'의 직역은 사용하지 않는다.

▶ **熱心に**

私はいつも熱心に努力しました。

→ _____

〔힌트〕 일반적으로 「熱心に」는 자신에 대해서는 사용하지 않고 타인에 대해 사용한다.
예 後輩もいつも熱心に練習していました。

▶ **第一**

私が第一好きなゲームはオンラインゲームです。

→ _____

〔힌트〕 '제일'의 직역은 사용하지 않는다.

▶ **何番**

何番見ても飽きませんでした。

→ _____

〔힌트〕 '몇 번'의 직역은 사용하지 않는다.

3 동사

한자 동사는 한국어와 비슷한 것이 많아서 사용하기 쉬운데, 일부 동사에는 주의할 필요가 있습니다. '한자 동사를 많이 사용하면 훌륭한 문장이 된다'라고 생각하는 학생이 있는데 이것은 잘못된 생각입니다.

▶ **〜が不足する**

リーダーシップが不足します。

→ _____

社交性が不足します。

→ _____

〔힌트〕 '부족하다'의 직역은 사용하지 않는다.

▶ **〜と交わる**

友達と交わるのが好きです。

→ _____

〔힌트〕「交わる」에 친구와 이야기를 하거나 함께 시간을 보낸다는 의미는 없다.

▶ ～を受ける

賞を受けました。

→ _____

100点を受けました。

→ _____

〔힌트〕 상이나 점수에는 「受ける」를 사용하지 않는다.

▶ 繁盛する

ゲーム産業はこれからもっと繁盛すると思います。

→ _____

〔힌트〕「繁盛する」는 회사의 판매 등이 순조롭게 신장되어 간다는 것을 의미하는 말. ○○산업과 같이 범위가 넓은 의미에서는 사용하지 않는다.

▶ 助けになる

日本のテレビドラマを見ることは日本語の勉強の助けになりました。

→ _____

〔힌트〕 '도움이 되다'의 직역은 사용하지 않는다.

▶ ～やすい

どこに行っても、適応することがやすいです。

→ _____

私はインターネットでやすく検索できます。

→ _____

〔힌트〕 일본인이 「やすい」라는 말을 들으면 「安い」를 떠올리기 때문에 의미가 올바르게 통하지 않는 경우가 있다.

　　대책❶ 「동사ます형+やすい」의 형태로 사용한다.
　　　　〔예〕 御社の製品はとても使いやすいです。
　　　　　　 日本語は勉強しやすいです。
　　대책❷ 동사를 수식하는 경우에 「やすい」는 사용하지 않는다.
　　　　〔예〕 大型免許は簡単に取ることができました。

▶ 値打ちのある
値打ちのある経験をしました。

→ _____

〔힌트〕 보통 「値打ちのある」는 돈으로 환산할 수 있는 것에 사용한다.
예 このたんすは500万ウォンの値打ちがあります。

▶ 耳をすまして
貴社は常にお客様の声に耳をすまして聞いていると思います。

→ _____

〔힌트〕「耳をすまして」는 조용하게 어떤 것에 집중하여 듣는 모양을 나타내는 말.

4 명사

한자 명사도 일본어로 직역할 수 없는 말이 많습니다.

▶ マート
私は週に3回マートでアルバイトをしています。

→ _____

〔힌트〕 일본어에서는 식품과 같은 생필품을 판매하는 곳을 「マート」라고 하지 않는다.

▶ 自信感
自信感があります。

→ _____

〔힌트〕 일본어에서는 「自信感」이라고 하지 않는다.

▶ 因縁(いんねん)
貴社とは不思議な因縁があります。

→ _____

〔힌트〕 현대 일본어에서 「因縁」은 좋지 않은 관계를 말하는 경우가 많다.

▶ ～不足

年齢という資格不足のため諦めました。

→ _____

〔힌트〕「～不足」와 같이 不足 앞에 오는 말에는 제한이 있다.
　　　　例 運動不足、勉強不足、準備不足、栄養不足

▶ 追憶(ついおく)

友達と一緒に大学祭の準備をしたことが追憶に残っています。

→ _____

〔힌트〕'추억' 의 직역은 사용하지 않는다.

▶ 学点

学点の心配はありません。

→ _____

〔힌트〕'학점' 의 직역은 사용하지 않는다.

▶ 我が国

キムチは我が国を代表する食品です。

→ _____

〔힌트〕「我が国」는 너무 딱딱한 말이다.

▶ 顧客

私は顧客を大切にする貴社の経営方針に共感しています。

→ _____

〔힌트〕「顧客」이 틀린 것은 아니지만 정중하지 못한 표현이 된다. 「顧客満足度」와 같이 사용되는 경우가 많다.

▶ 長点・短点

私の長点は仕事中いつも笑顔を忘れないことです。

→ _____

〔힌트〕장점・단점을 직역하여 사용하지 않는다.

▶ 外

私は韓国語と日本語の外に中国語も話せます。

→ _____

〔힌트〕 일본어에서「外」는 일반적으로「そと」라고 읽힌다.
예 休みの日はたいてい外に出かけます。

5 호칭

호칭에도 차이가 있습니다. 특히 주의해야 하는 말은「にいさん」과「ねえさん」입니다.

친오빠·친형	오빠·형	친언니·친누나	언니·누나
兄(あに)	先輩	姉(あね)	先輩

▶ ねえさん

就職についてねえさんに相談しました。

→ _____

〔힌트〕 위의 표를 참고 할 것.

▶ にいさん

にいさんは亀尾(グミ)にある日系企業で働いています。

→ _____

〔힌트〕 위의 표를 참고 할 것.

6 그 외(성격을 나타내는 말)

취직 시험에서 종종 자신의 성격을 표현할 필요가 있습니다. 일본어다운 표현으로 말할 수 있도록 사전에 철저히 준비해 두도록 합시다.

▶ 急な性格

私は急な性格です。

→ _____

〔힌트〕 '급한 성격'의 직역은 사용하지 않는다.

▶ 耳が薄い

私は耳が薄いです。

→ _____

〔힌트〕 '귀가 얇다'의 직역은 사용하지 않는다.

▶ 情が多い

情が多いです。

→ _____

〔힌트〕 '정이 많다'의 직역은 사용하지 않는다.

▶ 平和的な性格

私は平和的な性格です。

→ _____

〔힌트〕 '평화적인 성격'의 직역은 사용하지 않는다.

▶ ～やすい

どこに行っても、適応することがやすいです。

→ _____

〔힌트〕 「❸ 동사(～やすい)」를 참조할 것.

Column

ていねいな言葉
정중한 말

  자기소개서와 면접에서 사용하는 말은 역시 정중한 것이 좋은 인상을 줄 수 있습니다. 아래와 같이 말을 조금만 바꿔도 여러분의 일본어는 훨씬 정중해 집니다.
  그뿐 아니라, 여러분의 예의 바른 태도와 말투로, 상대에게 깊은 인상을 줄 수 있을 것입니다.

[문제](정답 → p.226)
さっき → 先ほど
さっき、筆記試験を受けました。

→ _____

あとで → 後ほど
あとで、アンケートを書くようにと言われました。

→ _____

   * 일본어의 「あとで」는 미래를 나타내는 회화 표현이지만,
     그 날 하루를 한정한다. 그 다음 날 이후인 경우에는 「今度」를
     사용한다.

すぐに → 至急
すぐに、必要な書類を準備いたします。

→ _____

この間 → 先日
この間はありがとうございました。

→ _____

Part Ⅱ 설문지(자기소개서) 작성 | 59

Column

じゃあ → では
じゃあ、またうかがいます。

→ _____

すごく → たいへん
大学生活はすごく充実していました。

→ _____

とても → ひじょうに
筆記試験はとても難しかったです。

→ _____

本当に → 誠に
本当に申し訳ございません。

→ _____

ちょっと → 少し
スペイン語もちょっと話せます。

→ _____

だから → ですから
だから、日本と韓国の合弁企業を志望しました。

→ _____

내용편 |

1 성격(장점·단점)

사람이라면 누구나 장점과 단점이 있습니다. 자기소개서에 쓸 때는 「자기를 어떻게 드러낼 것인가」를 항상 의식해야 합니다. 특히 단점을 그대로 솔직하게 쓰지 말고 여러분이 그 단점을 어떻게 극복하고 있는가를 생각하면서 쓸 필요가 있습니다.

예문1 **長所** 大学のクラブ活動で代表をしたこと。
　　　　　　人間関係を大切にすること。
　　　　短所 人に会うとお金がなくなること。
　　　　　　言うべきだと思ったら周りを気にせず言ってしまうこと。

　　📝 일일이 나열하여 쓰지 말 것.

예문2 私は血液型がA型なので几帳面(きちょうめん)な性格で、気が小さい方です。

　　📝 혈액형으로 자신의 성격을 설명하는 것은 좋지 않다.

예문3 私は他の人より親しみやすいと言われています。

　　📝 다른 사람과 비교할 때는 내용을 잘 생각하고 나서 쓸 것. 친해지기 쉬운 이유와 자신이 친해지기 쉬운 사람으로 보이기 위해 노력한다는 것을 덧붙이는 것이 좋다.

예문4 私は友達が多いです。
　　　　私は人気があります。

　　📝 성격과 큰 관계가 없는 것은 쓰지 않는다.

예문5 短所は気が短くて、たまにへまをやらかすことです。

　　📝 일일이 나열하여 쓰지 말 것.

예문6 私は勤勉が一番立派なことだと信じる父といつも家族のために世話をする母、そして心強い兄と弟がいるので、お互いに大切にする家庭で成長してきました。他人には、親切で元気な性格ですべてにおいて誠実だと賞賛を得ています。

　　📝 자신의 성격을 설명할 때 가정 환경에 대해 늘어 놓아도 설득력이 없다. 또 가족을 칭찬해도 그것이 자랑거리가 되지는 않는다.

(예문7) 私は長男なので、後輩の面倒もよく見ることができ、責任感も強いところが長所です。反面、いつも兄として弟や妹の世話をしていたので、頑張りすぎてしまうところが欠点です。しかし、親からはいつも信頼されています。

> 「長男だからしっかりしている」, 「長女だから面倒見がいい」, 「末っ子なので人からかわいがられる」와 같이 가족 구성을 근거로 성격을 설명하는 것은 좋지 않다. 자신을 어떤 전형적인 타입이라고 생각하고 있으면 오해받을 소지가 있다.

(예문8) 私はどんなことがあっても堂々とするように努力しています。たまには堂々としすぎて周りの人をびっくりさせることもありますが、強い人の前でも強い人というのが本当の堂々たる者ではないでしょうか。

> 「～ではないでしょうか」「ではありませんか」등과 같이 되묻는 표현은 사용하지 않는 것이 좋다.

(예문9) 性格について説明しようとすると、みんな同じだと思いますが、私もとても悩みました。～

> 너무 긴 서론은 불필요하다.

2 학창 시절에 열중한 것

여러분은 어떤 학생 시절을 보냈습니까? '이것도 해 봤다, 저것도 해 봤다' 라는 식으로 다양한 경험을 드는 사람이 있는데 수가 많다고 해서 무조건 좋은 것은 아닙니다. 오히려 가장 열중했던 것에 집중하여 써 봅시다. 채용 담당자가 알고 싶은 것은 결코 여러분의 자만에 대한 일화는 아닙니다. 여러분이 무언가를 해 가는 과정에서 어떤 생각을 하고 어떤 노력을 해 왔는가입니다.

(예문1) 中学時代には歌が好きで、よくCDを買いました。
高校時代には友達と遊びながらたくさん勉強しました。

> 기본적으로 대학 시절에 열중한 것에 대해 쓴다. 그 이전부터 계속 해왔던 일이라면 써도 좋다.

(예문2) 高校までは内申書の成績と修学能力試験の点数を上げることに力を傾けました。

> 자기 PR에 큰 효과는 없다.

예문3 読書感想文を書くことが好きでした。学校内をはじめソウル市内でも入賞したことがあります。

> 📝 어떤 상을 받았는지 구체적으로 쓸 것. 그것이 어느 정도의 상인지 명시할 필요가 있다.

예문4 私は図書サークル活動を充実させ、学校行事にもよく参加して先生にその誠意を認められました。

> 📝 도서관련 서클 활동에 충실했다면 그 점에 대해 좀 더 자세하게 써야 한다.

3 자신 있는 과목

여러분은 어떤 과목에 자신이 있습니까? 만약 여러분이 자신 있는 과목이 지원할 업무에 관계 있는 것이라면 시험의 점수를 덧붙이는 등 적극적으로 어필해 보는 것도 좋습니다.

예문1 高校生までは英語を勉強し、大学に入ってから日本語の勉強を始めました。
これからも続けて勉強して、今よりももっと語学の実力を伸ばす予定です。

> 📝 예정은 쓰지 않는다.

예문2 専攻科目の日本語が一番優れていると思います。
しかし、他の学生と比べ日本語の実力は落ちます。

> 📝 불리한 것을 그대로 쓰지 않는다.

예문3 カナダに3年留学していたので、英語は自信満々です。

> 📝 「自信満々」라는 표현은 쓰지 않는다. 자신의 영어 실력에 대해 구체적으로 쓰는 것이 좋다.

4 지원 동기

만약 여러분이 같은 업계의 회사에 복수 지원한 경우에 모든 회사의 지원 동기가 같은 것은 어떨까요? 대답은 ×입니다. 회사마다 다른 지원 동기를 생각하는 것이 번거롭다고 해서 다른 회사에 지원할 때 같은 내용을 써서는 안 됩니다.

그런 해이한 마음가짐은 자기소개서를 읽는 채용 담당자에게 금방 들통나버립니다. 우선 지원하는 회사마다 정보 수집을 철저히 하고 나서 쓰기 시작합시다.

다시 말하지만 모든 회사에 같은 내용의 지원 동기를 써서는 안 됩니다. 만약 10군데에 지원한다면 각 회사마다 다른 지원 동기를 준비해야 한다고 생각하십시오.

예문1) 私は御社の成長性に注目しています。
　　　　📝 회사의 어느 부분의 장래성에 주목하고 있는지를 분명히 쓸 것.

예문2) 私は完璧ではありませんが、長い間努力してきました。
　　　　📝 어떤 노력을 해 왔는지 분명히 쓸 것.

예문3) 私はアルバイトで十分にサービス業を経験してきました。また、大学でサービス業について学んだので御社を志望します。
　　　　📝 아르바이트 경험과 대학에서 배운 성과를 살린다는 지원 동기는 좋지만 어떤 경험을 어떻게 살리고자 하는지 곰곰이 생각해보고 나서 쓸 것.

예문4) 以上の点で、貴社は好ましい経営をしていると思います。
　　　　📝 평론가같이 쓰지 않는 것이 좋다.

예문5) 私はこれまで様々なアルバイトを経験してきましたが、事務職のように型にはまって仕事をすることはうんざりして退屈ですぐにいやになるから私には合わないということがわかりました。
　　　　📝 자신이 지원하지 않은 분야의 업무라도「うんざり」「退屈」「すぐいやになる」라는 식의 표현으로 평가하는 것은 좋지 않다.

예문6) 英文科を卒業して英語もうまいから外国人の接待(せったい)も問題がありません。
　　　　📝 아무리 영어에 자신이 있어도「問題がありません」라는 표현은 너무 강하다.

예문7) 充実した教育プログラムを持ち、学生の相談に親切に応対する貴社の姿勢が気に入っています。
　　　　📝 지원하는 회사를「〜が気に入る」라고 표현해서는 안 된다.「〜が好きです」라고 할 것.

(예문8) 私はこれまで多くの時間を外国で生活しました。そのため、各国の人々の文化や性格をよく理解しています。

> 자만심이 있다는 인상을 주게 되므로 표현을 바꾸어야 한다. 자신이 경험을 해오면서 느낀, 문화와 성격의 차이를 구체적으로 쓸 필요는 있지만, 그렇다고「良く理解している」라고 말하는 것은 지나친 표현.

(예문9) 私は大学でサービス業に関する科目を最も一生懸命勉強しました。特に、サービスマインドについて学んだことが印象に残っています。大学で学んだことを生かしたいと思い、これまで卒業後の就職先を探してきました。貴社のホームページを拝見すると、貴社がお客様のためをいつも第一に考えているホテルだということが伝わってきます。私はいつの日か有能で魅力的な社員になり、韓国を訪れる人々にまた来たいと思ってもらえるようになりたいと思っています。
私は難しい状況でも、それを乗り越える積極的な姿勢を持っています。「常に初心を忘れないで最善を尽くす権玉珍。」

> 자신을 드러내는 좌우명을 쓰는 것은 나쁘지 않지만 만약 쓴다면 마지막이 아니라 처음에 쓰는 것이 좋다.
>
> 예 ■「常に初心を忘れないで最善を尽くす権玉珍。」これが私のキャッチフレーズです。

(예문10) 私は小さい頃から世界の国々を旅行しながら働くことができるスチュワーデスという職業に興味を持っていました。しかし、背が低いのでスチュワーデスになることは諦めるしかありませんでした。その頃、2000年に韓国で放送された「連れ合い」というドラマを見て、スチュワーデスではない地上勤務職もとても魅力的な職業だと感じました。もちろん、スチュワーデスほどいろいろな所を旅行できませんが、スチュワーデスのスケジュールを管理したり一緒に働くことで満足できると思います。

> 스튜어디스가 되는 것은 포기하고 지상직을 희망한다는 것은 적극적인 지원 동기가 아니다. 역시 그 일이 1지망이라고 분명히 써야 한다. 또 드라마를 본 것을 지원 동기로 쓰는 것이 나쁘지는 않겠지만 그것만으로는 조금 부족한 느낌이 든다.

(예문11) 近年、国民が求める食品の清潔さや栄養に対する意識は日増しに高まっています。二年前、実際に貴社で仕事をした際の清潔さに対する厳しい取り組みを目の当たりにしてから、貴社にずっと憧れを持っていました。そして、社員に対する多くの思いやりと社員中心の経営方針に大きく感動いたしました。貴社の営業部は私の能力を発揮するこ

とができるところだと思います。私に最善を尽くすことができる機会をください。

📖 좋은 내용이지만 지원 동기의 마지막 부분에 「～ください」이나 「～ではありませんか」와 같은 표현을 피하는 것이 좋다. 「～のため志望しました」나 「以上が私の志望動機です」와 같은 표현으로 한다.

5 이 회사에서 특히 관심 있는 분야

지원할 직종이 있다면 적극적으로 쓰도록 합니다. 그 때 「希望します」라고 쓰는 것보다는 자신의 성격과 지금까지 열중해 온 것 등을 포함하여 지원 동기를 쓰는 것이 설득력이 있습니다.

📖 직종 예

営業(영업)	貿易(무역)	販売(판매)	編集(편집)	企画(기획)
開発(개발)	設計(설계)	経理(경리)	広報(광고홍보)	総務(총무)
人事(인사)	生産管理(생산관리)	一般事務(일반사무)		

6 이 회사에서 일을 하는데 있어서 불안한 점

회사에 입사하기 전이라면 누구나 기대로 가슴이 두근거리는 한편, 어엿한 사회인으로서 제대로 일을 할 수 있을지 불안한 마음이 들 것입니다.
솔직하게 자신의 동요되는 마음을 써버리기 쉬운데 쓰기 전에 차분히 생각해 보도록 합시다. 채용 담당자가 불안을 느낄 만한 내용을 일부러 쓰지 않는 편이 좋습니다.

(예문1) 胃腸が弱いので業務に支障をきたす恐れがあることを悩んでいます。

📖 중병이 아니면 건강면에서 채용하는 쪽이 불안해질 만한 내용을 쓰지 말 것.

(예문2) まだ週休二日制になっていないと聞きましたが、できるだけ早く制度を導入して能率的に働きたいです。

📖 입사도 하기 전부터 회사의 제도를 비판하는 것은 좋지 않다.

(예문3) 今は仕事への期待感で胸が一杯です。最初から不安な点を認識していたら貴社を志望しなかったと思います。

📖 써도 별 도움이 되지 않을 만한 것은 쓰지 않는다. 「最初から不安な点を認識していたら貴社を志望しなかった」라는 표현이 거만하게 들릴 수 있다.

(예문4) 私としては不安な点は全然ありません。

📖 「全然ありません」은 너무 강한 표현. 「今のところありません」정도가 적당.

(예문5) 私は他の志願者よりも年上なので、社内の方と仲良く付き合うのが難しいかもしれないことを心配しています。
> 🗒 다양한 연령의 사람들과 사이 좋게 일을 하는 것은 회사원의 기본 매너. 채용하는 쪽이 불안해질 만한 일은 쓰지 않는다.

(예문6) 会社で失敗することを心配しています。でも「失敗は成功のもと」と言うように、我が身を省みて成長のきっかけになると思っています。
> 🗒 회사에서 한 실수를 정당화해서는 안 된다.

(예문7) 会社の信用を落としてしまったらどうしようかと心配しています。
> 🗒 사무면에서 채용하는 쪽이 불안해질 만한 일은 쓰지 않는다.

(예문8) 今はまだ仕事をする自信がありません。
> 🗒 취업에 소극적인 태도를 보이지 말 것.

(예문9) ビジネス会話と専門用語を身につけているので、仕事を乱すことはあまりないのではないかと思います。
> 🗒 상대방에게 자만심이 있다는 인상을 주지 않도록 조금 절제된 표현을 할 것.
>> 예) 大学で学んだビジネス会話と専門用語の知識を、御社でどの程度生かすことができるかについて気になります。

(예문10) 我が国にはまだ男女差別が存在すると考えられます。特に、人の能力を無視してただ女という理由だけで賃金、昇進、配置で女性を不利に待遇する場合が多いです。貴社において女性を同等なパートナーだと思ってくださったら、自分のためのみならず会社の発展にも良いと思います。これが私の心配していることです。
> 🗒 남녀 대우차에 대해 불안한 점이 있다면 솔직하게 그 점만 쓰는 것이 좋다. 예와 같은 식이라면 지원하는 회사에 대해 완곡하게 비평을 하는 듯한 인상을 주게 된다.
>> 예) 貴社では、昇進や給与面において男女差があるかどうかお伺いしたいと思います。

Sample

설문지(자기소개서) 샘플 1 | 나쁜 예/남성

エントリーシート		フリガナ キム チャン シク 氏名　金　昌　植

希望業種　電機・機械	希望職種　営業
希望会社　○Ｘ電機	他に受験している会社　ＸＸ電子

性格(長所・短所)

　　私は、❶金家の長男として生まれ、両親から愛情をたくさん受けて育ちました。いつもまじめな両親のもと、人として守らなければならない道理や男として持たなければならない覇気(はき)を学びました。家の長男として弟や家族の世話をするうちに、自分のことだけに固執するよりは他人との協調性を自然に重んじるようになりました。

　　今まで多くの人たちと会いましたが、これまで❷他人から一度も性格を直しなさいとは言われたことがない位、私の性格はいいと言われてきました。そして何でも肯定的に受け入れて心の余裕を持って生活しようと努力しています。
　　また兵役時代には、❸忍耐心と協調性についてたくさん学びました。

学生時代に打ち込んだこと

❹大学での勉強のほかにアルバイトもして社会経験を積みました。
❺すべてのことを一生懸命にしました。

特技

❻私はピアノをひくことが上手です。
❼また、チャングをたたくこともできます。

得意科目

日本語

卒業論文

❽日本語能力試験1級

志望動機

　　私は高校生の時から日本語を勉強してきました。日本語は今まで勉強した外国語の中で一番好きです。日本語を使う仕事がしてみたいです。
❾貴社には私のできる仕事がたくさんあるようです。私はまじめな姿勢で会社の発展のために一生懸命働こうとする熱意と働くことができる能力を兼ね備えていると自信を持っています。

弊社で特に関心のある分野

　　貿易の仕事に関心があります。❿大学でビジネス日本語の授業を受けたので、日本との貿易だったら問題なく仕事ができると思います。

弊社で仕事をする上で不安な点

　　⓫

이것이 포인트

여러분은 이 자기소개서를 읽고 어떻게 생각하십니까? 자신을 드러내고 싶다는 기분도 알겠지만 이렇게 쓰면 전혀 효과를 볼 수 없습니다. 「자기소개서 내용편」의 해설을 참고하여 수정해 봅시다.

- -

性格(長所・短所)

❶ 金家の長男として生まれ、両親から愛情をたくさん受けて育ちました。
→ 「長男＝責任感が強い」이나 「末っ子＝親に可愛がられた」라는 표현은 상대방에게 자신은 이러한 전형적인 타입이라는 것을 말해주는 결과가 된다. 「생각하는 힌트」를 참고하여 자신의 성격에 대해 충분히 생각해 보자.

❷ 他人から一度も性格を直しなさいとは言われたことがない位、私の性格はいいと言われてきました。
→ 자신을 너무 칭찬해서는 안 된다.

❸ 忍耐心と協調性についてたくさん学びました。
→ 무슨 일을 했고 어떻게 인내심과 협조성에 대해 배웠는지를 구체적으로 쓰자. 많이 쓸 필요는 없고 읽은 사람의 인상에 남을 수 있도록 작은 일화를 써두면 좋다.

学生時代に打ちこんだこと

❹ 大学での勉強のほかにアルバイトもして社会経験を積みました。
→ 이것만으로는 부족하다. 어떤 아르바이트를 얼마나 했고, 그 결과 무엇을 얻었는지를 써야 한다.

❺ すべてのことを一生懸命にしました。
→ 이것만으로는 아무것도 쓰지 않은 것과 마찬가지이다. 특히 열심히 했던 것에 대해 잘 생각하여 쓰자.

特技

❻ 私はピアノをひくことが上手です。
→ 「私」의 특기를 소개할 때에는 「得意」를 사용하자.
  예) 私はピアノの演奏が得意です。
  私はスケートが得意です。
  私は早口言葉が得意です。

❼ また、チャングという韓国の伝統的な太鼓をたたくこともできます。
　→ 읽은 사람이 모를 것이라 예상되는 말에는「〜という」를 사용하여 설명을 덧붙인다.
　　예 ▪ また、チャングという韓国の伝統的な太鼓をたたくこともできます。
　　　 ▪ 釜山市の広安里というところに住んでいます。
　　　 ▪ 韓国の大学には、ＭＴという年に1〜2回大学の学科ごとに行く旅行があります。

卒業論文

❽ 日本語能力試験1級
　→ 졸업 논문을 일본어 능력시험 1급으로 대체할 수 있는 경우에는「日本語能力試験1級 取得により卒業論文は免除になりました。」라고 쓸 것.

志望動機

❾ 貴社には私のできる仕事がたくさんあるようです。私はまじめな姿勢で会社の発展のために一生懸命働こうとする熱意と働くことができる能力を兼ね備えていると自信を持っています。
　→ 지원 동기뿐 아니라 자기소개서를 쓰는데 적합하지 않다. 다시 한번 본서를 보고 복습할 것.

弊社で特に関心のある分野

❿ 大学でビジネス日本語の授業を受けたので、日本との貿易だったら問題なく仕事ができると思います。
　→ 자만심이 있다는 인상을 줄 수 있는 표현은 사용하지 않도록 주의할 것.
　　예 大学では、ビジネス日本語の授業で電話応対の仕方などを学んだので、日本との貿易業務でその知識を生かしてみたいです。

弊社で仕事をする上で不安な点

⓫ 공란은 좋지 않다. 불안한 점이 생각나지 않을 때에는「特にありません。」이라고 쓰면 된다.

설문지(자기소개서) 샘플 2 | 좋은 예/여성

エントリーシート

フリガナ シン キョンミ
氏名 申 慶美

希望業種　金融　　　　　　希望職種　国際営業

希望会社　○X銀行　　　　　他に受験している会社　ＸＸ銀行

性格(長所・短所)

　私の長所は几帳面なところだと思います。大学に入ってから大学の近くに部屋を借りて一人暮らしをはじめましたが、その間毎日家計簿をつけています。毎日細かく家計簿をつけるのは面倒なこともありますが、無駄遣いがすぐにわかるのでとてもいいと思っています。短所は、家計簿に書いた金額と自分の財布の中身が合わないときに、それがずっと気になってしまうことです。物事にもよりますが、完璧を求め過ぎず細かいことを気にしないようにする気持ちも必要だと思っています。

学生時代に打ち込んだこと

　○Ｘというボランティアサークルで、地域のお年寄りと子供たちがいっしょに交流できるように活動しました。私は会計を担当していましたが、サークルの人数が５人しかいなかったので、運営全般をみんなでしました。

特技

　料理が好きです。スーパーに行って材料を買ってきて料理をするのも好きですが、冷蔵庫の中に残っている材料を使って作ることも大好きです。冷蔵庫の中にあまりものが入っていないこともあるので、いつも上手にできるとは限りませんが、工夫して考えながら作ることが楽しく、時々自分でも驚くほどおいしい料理ができることがあります。

得意科目

　経済学、英語、日本語

卒業論文

　ＩＭＦの役割について

志望動機

　私が中学生のとき、韓国で1997年の通貨危機（ＩＭＦショック）が起きました。韓国の経済は一時混乱しましたが、その後回復しました。大学生になって韓国経済についての授業を受け、その混乱期に銀行が大きな役割を果たしていたことがわかりました。貴行(きこう)は、金融業界でもいち早くインターネット取引を開始するなど、その革新性に強く惹(ひ)かれます。

　私が大学で専攻した経済学の知識が、実際の銀行の業務でどの程度役に立つかわかりませんが、現実のマーケットで自分の能力を磨いていきたいと考え志望いたしました。

弊社で特に関心のある分野

　国際営業の業務に関心があります。経験を積んで、海外支店に勤務してみたいです。

弊社で仕事をする上で不安な点

　特にありません。

설문지(자기소개서) 샘플 3 | 좋은 예/남성

| エントリーシート | フリガナ ナム サン ギュ
氏名　南　相　圭 |

| 希望業種　出版 | 希望職種　編集 |
| 希望会社　○X出版社 | 他に受験している会社　XX図書 |

自己PR

　私は「工夫する」という言葉が好きです。私は高校生の頃から日本語を勉強してきましたが、教科書の文はあまりおもしろくなかったので、自分に合う教科書を探して勉強しました。私は野球が好きなので、インターネットで日本のスポーツ新聞の記事を読んだり、野球のサイトを見たりするうちに漢字も覚えました。野球には難しい言葉もたくさんでてきますが、毎日見ているとだんだんわかってくるものです。去年からは同じ方法で英語も勉強しています。

学生時代に打ち込んだこと

　剣道と日本語の学習を一生懸命しました。剣道は裸足でするので苦しいときもありましたが、真夏の35度の日から真冬のマイナス10度の日まで休まず稽古しました。
　日本語は、日本からの留学生が私の不自然な日本語を直してくれたおかげで、以前よりも会話が上達したと思います。

特技

　ホームページを作成することができます。大学の事務室で2年間、大学のホームページの作成や管理のアルバイトをしました。相手の希望に合わせて、様々なパターンのホームページを作成することができます。

得意科目

　コンピューター、日本語

卒業論文

　日本の新聞のインターネットサイトの特徴について

志望動機
　パソコン関連の書籍を出している出版社は数多くありますが、御社の本は読者のレベルに合わせてとてもわかりやすく編集されていると思います。それまでパソコンをほとんどさわったこともなかった私の母が、最近、御社の初心者向けの入門書「○×シリーズ」を購入したところ、わずか3日間でインターネットがマスターできました。また、私のように本格的にパソコンを使っているような者にもわかりやすい解説書がたくさん出版されています。初心者から上級者まですべての利用者から評価される御社で、私もパソコン書の編集の仕事をしたいと思い、応募を決意しました。

弊社で特に関心のある分野
　パソコン書の編集に興味があります。特に、初心者と上級者の間に位置する中級利用者の役に立つ本を作ってみたいと考えています。

弊社で仕事をする上で不安な点
　特にありません。

エントリーシート

フリガナ ホ ヨン エ
氏名 許 永愛

希望業種	航空	希望職種	空港カウンター業務
希望会社	△△航空	他に受験している会社	○○航空

性格（長所・短所）

　私の長所は好奇心が旺盛なところです。そのため、初対面の人とでも比較的すぐにうちとけることができると思います。例えば、以前ワーキングホリデーで日本で暮らしていたとき、積極的に外国人の集まりなどに参加しました。その時、ベトナム、ブラジル、スイスから来た留学生と友達になることができました。私は、日本以外の外国の人々と日本語で会話することを想像したこともなかったので、本当にうれしかったです。韓国へ帰ってきてからも、それぞれの国へ帰った友達と近況を、日本語でEメールのやりとりすることが今でも何よりの楽しみです。

　一方短所は、好奇心が旺盛なために、新製品や新しいものに夢中になりやすいところです。新しく出た本がベストセラーになると、誰よりも早く読みたくなります。しかし、おこづかいを無駄にしないように、よく考えてから買うように気をつけています。

学生時代に打ち込んだこと

　私は学生時代、アルバイトを一生懸命しました。韓国と日本でアルバイトを経験したことは、私にとってたいへん貴重なことだと思っています。

　韓国では、ワーキングホリデーに行く前、旅費を貯めるために夏休みや冬休みに食堂でアルバイトをしました。この時は、アルバイトはお金を稼ぐための手段としか考えていませんでしたが、自分で働いたお金で日本へ行けるということが、私に大きな自信を与えてくれました。

　日本へ行ってからは、ファミリーレストランでウェイトレスのアルバイトをしました。韓国でもアルバイトの経験があり、日本語会話にも自信を持っていましたが、いざ働いてみると、最初の頃は、韓国で働いていた時のようにうまくできませんでした。しばらくしてから、韓国のお客様と日本のお客様の要求が違うことに気がつきました。例えば、韓国の食堂では、お客様に「おいしく召し上がってくださいね」など積極的に話しかけます。それに対し、日本のファミリーレストランでは一人で食事しながら、パソコンで仕事をしている人もいます。そのような忙しいお客様には気軽に話しかけることはありません。もちろん、私が外国人だと知って、お客様が「日本語上手だね。えらいなぁ。頑張ってね。」と親しく話しかけてくれる人も時々いました。しかし、そのような会話を望む人ばかりではありません。

韓国と日本で、「お客様が何を望んでいるか」と言うことを考えながら働いた経験は、私にとって一番の勉強になりました。このような経験を仕事で積極的に生かしていきたいと思っています。

特技
　スポーツダンスが得意です。音楽にあわせて踊るので体力にも自信があります。空港のカウンター業務は、一日中立ったまま仕事をするうえ、重い荷物を持つこともあると聞いています。私はそのような業務も、スポーツダンスで鍛えた体で、元気に働くことができると思います。

得意科目
　得意科目は日本語と英語です。特に日本語は、会話が好きです。日本のドラマを見ながら、知らない表現があったときにはノートにメモをして勉強しています。

卒業論文
　日本語能力試験一級に合格したため、卒業論文は免除となりました。

志望動機
　お客様と接する接客業務の中でも、特に世界中の方が乗り降りする空港で日本語と英語を使ってサービスを提供することに興味があり、応募いたしました。特に御社は韓日線のフライトが多いため、韓国と日本のお客様に接する機会がもっとも多いかと思います。そのような中で、一人一人のお客様のために、心のこもったサービスが提供できるように自分を磨いて頑張りたいと思っています。

弊社で特に関心のある分野
　御社は特にカスタマーサービスに力をいれているとうかがっております。特に、空港内でお年寄りや妊婦、またはお子様連れのお客様など、空港内の移動がたいへんなお客様に空港職員が付添って荷物のピックアップや移動などをお手伝いする"ファミリーサービス"はお客様からも業界内でも高い評価を得ていると、新聞で読んだことがあります。そのようなサービス業務に関心を持っています。

弊社で仕事をする上で不安な点
　現在は特にありません。

キーワードに見る
韓国・日本就職活動の違い
키워드로 보는 한국・일본 구직 활동의 차이

한국과 일본의 구직 활동의 기본적인 차이를 표로 정리해 보았습니다.

키워드	한국 기업 (한・일 합병 기업을 포함)	일본 기업
회사설명회 (세미나)	「취업박람회」와 같은 회사설명회에서는 보통 심사는 이루어지지 않는다. (일본에서는 「就職博覧会」라고 하지 않고 「会社説明会」 혹은 「会社セミナー」라고 한다)	회사설명회에는 두 가지가 있는데 회사의 설명만 하는 경우도 있지만 그 자리에서 자기소개서 등을 쓰게 하여 일차 심사의 참고로 하는 경우도 있다.
지원방법	웹상에서 지원을 받는 회사가 증가하고 있으나 상세한 것은 회사마다 다르다.	웹상에서 지원을 받는 회사가 증가하고 있으나 상세한 것은 회사마다 다르다.
서류심사의 포인트	TOEIC이나 JLPT 등의 성적이 좋지 않으면 통과하기가 어렵다.	TOEIC이나 JLPT등의 성적이 좋으면 유리하지만, 그 기준은 한국기업보다 낮다. 그렇지만 지원 동기 등의 내용이 나쁘면 통과하기 어렵다.

Column

필기시험	직종에 따라서는 일본어 외에 영어 시험이 있는 경우도 있다. 시험 내용은 낭독과 번역 등.	필기 시험에서는 계산 문제 등 기초적인 사무 처리 능력을 보는 외에 작문 등이 문제로 나오는 경우가 많다.
면접	일본어를 사용하는 직종의 경우 한국어 면접과 일본어 면접을 보게 된다. 어떤 주제에 대해 다른 지원자와 토론을 하거나 프레젠테이션을 하는 경우도 있다.	면접은 물론 일본어로 보게 된다. 면접관은 학생이 예상하지 못한 좀 짓궂은 질문을 하여 순간적인 반응을 보는 경우도 있으므로 상당히 유연한 발상이 요구된다.
근무개시	채용이 결정되면 바로 근무를 개시하는 것이 일반적.	학생인 경우 채용이 결정되어도 바로 일을 시작해야 하는 경우는 거의 없다. 채용 결정 단계를 「内定(내정)」이라고 하고 학교를 졸업한 후에 입사식을 거쳐 내정자가 한꺼번에 입사한다.

Part III 면접

_面接

일본의 취직 시험에서는 면접을 매우 중시합니다. 그것은 기업측에서 필기 시험 성적만으로 그 학생의 인간성을 알 수 없다고 생각하기 때문입니다.
면접을 통해 그 학생이 회사에서 일할 수 있을 만한 인물인지 아닌지를 종합적으로 판단하는 것입니다. 따라서 일본에서는 필기 시험 외에도 면접 시험을 몇 번이나 보는 회사도 그리 드물지 않습니다.
또, 면접에서 받게 되는 질문도 다양합니다. 일본어로 면접을 보는 것이므로 긴장되는 것은 당연합니다. 긴장된다 해도 여러분이 어떤 사람이라는 것을 충분히 전달할 수 있도록 몇 번이고 반복 연습하도록 합시다.

적어도 이것은 지키자! 면접의 포인트

① 복장·몸가짐에 신경 쓸 것.

학생다운 청결한 몸가짐에 유의합니다. 자세한 것은 (p.92 칼럼 「몸가짐에 대하여」)를 참고.

② 집합 시간을 엄수할 것.

시간 엄수는 비즈니스 매너에서 가장 기본적인 것입니다. 집합 시간 30분 전에는 도착할 수 있도록 여유를 두고 출발합니다.

③ 대기하는 동안에는 조용히 할 것.

면접은 접수했을 때부터 이미 시작되었습니다. 회사 사람이 쳐다봐도 부끄러워하지 않고 대담하게 행동해야 합니다. 건물에 들어가기 전에 휴대전화의 전원을 꺼두도록 합시다.

대기하는 동안에는 조용하고 차분히 면접에서 받게 될 질문에 대한 대답을 생각하면서 기다립니다. 물론 기다리는 것이 지루하다고 해서 친구나 가족들에게 문자를 보내거나 하면 안 됩니다.

④ 면접을 보는 중에는 당황하지 말 것.

면접은 누구나 긴장되는 것입니다. 하물며 면접을 외국어로 봐야 한다면 상당한 부담을 느끼는 것도 당연합니다. 그렇지만 그런 긴장감 속에서 자신을 드러내지 않으면 합격할 수 없다고 생각합시다.

⑤ 면접이 끝난 뒤에도 방심하지 말 것.

면접이 끝나면 그때까지의 긴장이 풀림과 동시에 피로를 느낄 것입니다. 그렇지만 면접 시험장이 있는 건물을 나갈 때까지는 방심하면 안 됩니다. 휴대전화의 전원은 건물을 나가고 나서 켜는 것이 좋습니다.

어디에서 여러분을 지켜보고 있을지 알 수 없기 때문입니다. 마지막까지 방심하면 안 됩니다. 같은 이유로 면접이 끝나고 휴식을 취하고 싶을 때 면접 회장 근처의 찻집에 가는 것도 좋지 않습니다.

문법편

의외라고 생각할지도 모르지만 여러분이 면접을 볼 때에 필요한 문법은 그렇게 어렵지 않습니다. 초급 일본어 교재를 완벽하게 습득하고 있으면 충분합니다. 여기에서는 여러분이 어려워하는 겸양표현 등을 중심으로 공부합니다.

1 문말 표현1

면접관에게 건방진 인상과 뻔뻔스러운 인상을 줄 수 있으므로 면접을 볼 때에는 「ね・よ・よね・でしょ」와 같은 표현은 사용하지 않는 것이 좋습니다.

확인문제

1. 1988年にソウルオリンピックがありましたね。その時、私は5歳でした。

   → _____

2. 日本の会社で働きたいですね。

   → _____

3. インドやロシアでは韓国企業の進出が盛んですね。

   → _____

4. 私は大学で日本語の他に中国語も勉強しましたよ。

   → _____

5. 私は韓国と日本の架け橋になりますよ。

   → _____

6. 出張の仕事があったら、いつでもどこへでも行きますよ。

   → _____

7. 韓国のキムチはおいしいでしょ。

   → _____

8. 御社は50年の伝統があるでしょ。ですから、他の会社にはない信頼感があるでしょう。

→ _____

9. 韓国語と日本語は文法が似ているでしょう。それで、英語よりも勉強しやすかったです。

→ _____

2 문말 표현2

면접관에게 건방진 인상을 줄 수 있으므로 면접에서 말 끝에 「～じゃないですか」라고 해서는 안 됩니다.

확인문제

1. 東京に高田馬場（たかだのばば）という街があるじゃないですか(↓)。そこに半年ほど住んでいました。

→ _____

2. 日韓ワールドカップは、とても盛り上がったじゃないですか(↓)。そこで知り合った日本の大学生とは今でも時々メールをしています。

→ _____

3. オンラインゲームは、みんなでできるのでおもしろいじゃないですか(↓)。世界中で同時にゲームができるなんてほんとうに夢みたいだと思います。

→ _____

4. 韓国語と日本語は文法が似ているじゃないですか(↓)。それで、英語よりも勉強しやすかったのだと思います。

→ _____

5. 韓国を訪問する日本人観光客は多いですが、韓国に留学する日本人留学生はまだ少ないじゃないですか(↓)。それが、残念です。

→ _____

6. これから、ますますエネルギー問題が重要になるんじゃないですか(↑)。

   → _____

7. 私のように日本語を使って仕事をしたいと思っている人は多いんじゃないですか(↑)。

   → _____

8. 御社は、韓国で今後ますます発展するんじゃないですか(↑)。

   → _____

3 장소를 지칭하는 방법

일본어에는 장소를 나타내는 지시사의 정중한 표현법이 있습니다. 면접 시험장에서 사용해 봅시다.

- これ・ここ → こちら
- それ・そこ → そちら
- あれ・あそこ → あちら
- どれ・どこ → どちら

확인문제

1. 私の在学証明書はそれです。

   → _____

2. これが私の履歴書です。よろしくお願いいたします。

   → _____

3. 私の席はここですか。

   → _____

4. A : すみません、お手洗いはどこですか。

   → _____

   B : あそこです。

   → _____

   A : どうも、ありがとうございます。

   → _____

5. A：あの、すみません、出口はどこですか。

→ _____

B：そこです。

→ _____

A：あ、すみません。ここですか。

→ _____

B：いいえ、そこではありません。その奥です。

→ _____

A：あ、ここですか。どうも、ありがとうございます。

→ _____

＊ <u>こちらから</u>ご連絡いたします。(「私の方から」라는 의미로 사용되는 경우가 있다)

4 인물·회사를 지칭하는 방법

인물이나 회사를 지칭하는 방법에도 특별한 표현법이 있고 면접과 같이 정중히 이야기해야 하는 경우에 자주 사용됩니다. 한국어와의 차이에 특별히 주의하여 익혀 두는 것이 좋습니다.

- だれ → どなた
- 日本人 → 日本の方
- 外国人 → 外国の方
- 私の会社 → 弊社（×私の弊社）
- 相手の会社 → 御社、貴社

확인문제

■어떤 학생이 지원 동기를 이야기하고 있습니다. 바른 문장으로 고치시오.

私は、日本との貿易の仕事に興味があります。弊社を志望した理由は、弊社では実力主義に基づき、日本人と外国人が同じ条件で働いていると伺ったからです。

→ _____

5 겸양어

일본어의 경어는 존경어, 겸양어, 정중어로 나눌 수 있는데 면접을 보는 학생에게 가장 필요한 것은 겸양어입니다. 많은 학생들이 겸양어는 어렵다는 인식을 가지고 있는 것 같은데, 일본어에서 정중하게 말을 할 때에 겸양어는 꼭 필요한 표현법입니다. 여기에서는 면접에서 자주 사용되는 표현을 중심으로 학습해 보도록 합시다.

❶ 겸양 표현의 기본형

> 「お・ご + 동사 ます형 + します」「お・ご + 동사 ます형 + いたします」

확인문제

1. すぐに在学証明書を送ります。

   →

2. これから私の性格について話します。

   →

3. 推薦書は前回の面接の時に渡しました。

   →

4. 韓国と日本の文化交流の現状について説明します。

   →

5. もし、証明書がすぐにもらえないようでしたら連絡します。

   →

6. 日本からお客様がいらっしゃった時には、日本語で案内できると思います。

   →

❷ 특별한 활용을 하는 겸양어

비겸양어	겸양어	비겸양어	겸양어
行きます	まいります	知りません	存じません
来ます	まいります	言います	申します
います	おります	見ます	拝見します
～を聞きます	～をうかがいます	します	いたします
～を訪問します	～にうかがいます	～ています	～ております
もらいます	いただきます	会います	お目に
知っています	存じています		かかります

> 확인문제

1. 昼間は大学にいます。

   → _____

2. 〇〇大学文学部4年〇〇〇と言います。

   → _____

3. 御社のホームページを見ました。

   → _____

4. 御社で働いている先輩に会いました。

   → _____

5. 御社で働いている先輩からお話しを聞きました。

   → _____

6. 〇×国際財団から奨学金をもらいました。

   → _____

7. 半年ぐらい前からロシア語を勉強しています。

   → _____

8. 卒業見込み証明書を持ってきました。

   → _____

9. それでは、明日の午後３時にそちらの会社を訪問します。

   → _____

10. 申し訳ありませんが、アフリカの経済についてはよくわかりません。

    → _____

* 동작을 받는 주체가 없는 행위에 겸양 표현을 써서는 안 된다.
　×昨日、テレビを拝見しました。→ 昨日テレビで御社のコマーシャルを拝見しました。

* 자기 가족이 주어인 경우에도 겸양 표현을 사용해야 한다.
　×私の母がおっしゃいました。→ 私の母が申しました。

■아래는 틀린 것은 아니지만 겸양 표현을 사용해도 좋다.

「～てきました」→「～てまいりました」

1. 日本語のエントリーシートと写真を持ってきました。

    → _____

2. 健康診断書を持ってきました。

    → _____

3. 日本に1年間留学してきました。

    → _____

4. 日本の会社を受験するため、ビジネス日本語の勉強をしてきました。

    → _____

「～ていました」→「～ておりました」

1. 昨日は、自宅で授業のレポートを書いていました。

    → _____

2. 夏休みは、工事現場でアルバイトをしていました。

    → _____

3. 休学中も日本語の勉強を続けていました。

    → _____

4. 以前から御社にあこがれていました。

    → _____

편리한 표현편 |

다음 표현을 기억해 두면 일본어로 말할 때의 인상이 매우 좋아질 것입니다. 반복 연습하여 자주 사용하는 습관을 기르도록 합시다.

1. 다음 표현은 면접에서 반드시 사용되는 표현입니다. 자연스럽게 말할 수 있도록 연습해 둡시다. 표현을 사용하는 경우와 같이 세트로 생각하면 외우기 쉬워질 것입니다.

   ▶ 시험장으로 들어갈 때
   失礼いたします。

   ▶ 면접이 끝났을 때
   ありがとうございました。

   ▶ 시험장을 나갈 때
   失礼いたします。

   ▶ 상대방에게 칭찬을 받았을 때
   ありがとうございます。
   ありがとうございます。でもまだまだです。
   とんでもございません。まだまだです。

   예 面接官：○○○さんは日本語がお上手ですね。
     面接者：ありがとうございます。でも、まだまだです。

   ▶ 실수했을 때
   申し訳ございません。
   失礼いたしました。

   예 私は○×社の製品が大好きです。あ、申し訳ございません。御社の製品です。

   ▶ 상대로부터 좋은 제안을 받았을 때
   よろしくお願いいたします。

   예 面接官：それでは、もし○○○さんがうちに入社したら、機械貿易部で日本と中国を担当してもらえますか。
     面接者：ありがとうございます。よろしくお願いいたします。

2. 다음 표현은 꼭 알아두어야 하는 것은 아니지만 편리한 표현입니다. 능숙하게 구사할 수 있게 되면 면접에서 매우 좋은 인상을 줄 수 있을 것입니다.

▶ 잘 알아 듣기 힘든 말을 들었을 때, 말하기 어려운 것에 대해 말할 때

申し訳ございませんが、〜

[예] 申し訳ございませんが、もう一度おっしゃっていただけませんか。

▶ 상대방이 잘 알고 있다고 생각되는 것에 대해 설명할 때

ご存知のように、〜

[예] ご存知のように、この地域には日本と韓国の合弁企業がたくさんあります。

▶ 상대에게 도움을 받아 할 수 있었다는 감사의 마음을 나타낼 때, 특히 칭찬을 받았을 때

おかげさまで、〜

[예] 面接官：去年お会いしたときよりも、ずいぶん日本語が上手になりましたね。
　　　面接者：おかげさまで、日本語のビジネス用語も少しわかるようになりました。

▶ 상대의 질문을 잘 이해할 수 없을 때

すみません。もう一度お願い致します。

[예] 面接官：この業界の10年後について、あなたの考えを述べてください。
　　　面接者：すみません。質問をもう一度お願い致します。

身だしなみについて
몸가짐에 대하여

몸가짐은 면접에서 가장 기본적인 것입니다. 면접날 아침에 당황하지 않도록 미리 준비해 두도록 합시다. 면접은 집을 나서는 순간부터 이미 시작된 것입니다.

남성

머리 모양
청결함이 포인트. 갈색으로 염색한 머리는 좋지 못한 인상을 줄 수도 있다.

정장
감색이 기본. 스트라이프가 들어간 천은 피하는 것이 좋다.

와이셔츠
흰 색이 기본. 다림질이 잘 된 청결한 것을 착용할 것.

넥타이
줄무늬가 대부분이지만 전체적인 조화를 중시할 것.

벨트
구두가 검은 색일 때에는 벨트도 검정으로 고른다.

양말
화려한 색은 피할 것.

구두
감색 정장에는 검은 단화를 맞추어 신는 것이 기본. 시험 전날에 잘 닦아 두자.

가방
A4 사이즈의 서류가 들어갈 정도의 가방을 준비할 것. 배낭은 좋지 않다. 가방 안에는 필요한 서류, 필기도구, 접이식 우산을 잊지 말 것. 면접을 볼 때 받은 서류를 더럽히지 않게 하기 위해 클리어 파일을 준비해 가면 편리.

Column

여성

정장
감색 외에 수수한 색, 회색이나 짙은 갈색도 좋다. 여름일 경우에는 베이지와 같이 진하지 않은 색도 OK.
사계절을 불문하고 검은 색은 좋지 않다.

머리 모양
많이 신경 쓰지 않아도 좋지만 청결함을 중시할 것.

화장
빨간 립스틱이나 속눈썹 등을 사용한 짙은 화장은 피해야 한다. 평상시 화장을 잘 하지 않는 사람은 억지로 하지 않아도 좋다.

와이셔츠
흰 색이 기본이지만 옅은 색이라면 하늘색이나 황색도 좋다.

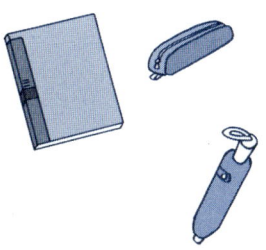

가방
A4 사이즈의 서류가 들어갈 수 있는 가방을 준비한다. 없을 경우에는 숄더 백 외에 플라스틱으로 된 캐리어를 가지고 가서 받은 서류를 가능한 접지 않고 가지고 돌아가도록 하자.
필요한 서류, 필기도구, 접이식 우산을 잊지 말 것.

구두
검정·감색·짙은 갈색이 좋지만 정장에 잘 어울리는 색을 고를 것. 예를 들면 옷이 감색이라면 갈색보다도 검은 색이 잘 어울린다. 높이는 로퍼보다는 5센티 정도로 어느 정도 힐이 있는 구두가 좀더 확실한 인상을 준다.

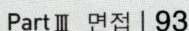

면접 실천편

면접을 볼 때 가장 주의해야 할 점은 상대에게 주는 인상입니다. 비록 지원자가 아무리 일본어가 능숙해도 면접관에게 건방지다는 인상을 주게 되면 결코 합격할 수 없을 것입니다.

그와 반대로 조금 실수를 해도, 예의 바르게 사회인으로서의 매너를 잘 지킨다는 인상을 주게 되면 합격은 더욱 가까워질 것입니다.

면접 순서에 대하여

1. 노크를 하고 조용히 문을 연다.

조용하게 문을 열고 시험장 안으로 들어간다.
면접관 쪽을 향해 밝은 표정으로「失礼いたします。」라고 말한다.
인사를 하고 문을 닫는다.

[주의] 문을 닫을 때에는 반드시 몸을 문 쪽으로 돌릴 것. 팔만 뻗어 닫는 것은 실례이다.

면접관 쪽을 바라보며 차분하게「○○大学○○学部○年○○○と申します。よろしくお願いいたします。」라고 자기 소개를 한다.

[주의] 가방을 가지고 있을 때에는 옆에 내려 놓고 나서 말을 할 것.

2. 시험장으로 들어가 면접관에게 인사한다.

3. 의자에 앉는다.

면접관이 「どうぞ、おかけください。」라고 말하면 천천히 의자에 앉는다. 좀 깊게 앉았다 싶을 정도로 앉고 자세를 똑바로 한다. 다리는 벌리지 말 것. 손은 앞으로 모아 가볍게 쥐어 무릎 쪽에 내려놓는다.

〔주의〕 손을 세게 맞잡고 있으면 표정이 굳어지기 쉬우므로 너무 힘이 들어가지 않도록 주의할 것.

면접이 끝나면 「どうもありがとうございました。」라고 그 자리에서 인사를 한다. 천천히 의자에서 일어나 문 쪽으로 향한다.

〔주의〕 면접에서 실수했다는 생각이 들어도 표정에 드러나지 않도록 신경 쓸 것.

4. 의자에서 일어난다.

5. 시험장을 나간다.

문 앞에서 다시 한 번 「失礼いたします。」라고 말하면서 면접관 쪽을 향해 인사를 한다. 시험장에 들어갈 때와 마찬가지로 문 쪽을 향해 문을 연다. 시험장을 나와 조용하게 문을 닫는다.

〔주의〕 문을 닫고 나서 자기도 모르게 안도의 한숨을 내쉬는 학생도 있는데 면접관이 듣게 되는 경우가 있으므로 시험장에서 나오고 나서도 긴장을 늦추지 말 것.

Sample 면접 샘플 1

(ドアをノックする→部屋に入る→ドアの方を向き静かにドアを閉める)
大学生：失礼いたします。

(いすの前に進む)
大学生：〇X大学経済学部4年〇〇〇と申します。
　　　　どうぞ、よろしくお願いいたします。
面接官：どうぞ、こちらにおかけください。
大学生：失礼いたします。

(いすに座り姿勢を正す)
面接官：(エントリーシートを見ながら)〇〇さんはワーキングホリデーで日本に行っていたようですが。
大学生：❶はいはい。
面接官：日本での生活はどうでしたか。
大学生：❷楽しかったです。
面接官：そうですか。どんなことが楽しかったですか。
大学生：日本でアルバイトをしながら生活して、❷日本の文化を経験できたことです。
面接官：文化ですか。では、どのような文化が印象に残っていますか。
大学生：❸…。
面接官：それでは、次に志望動機について伺います。他にもたくさん会社がある中で、どうして弊社を受験されたのですか。
大学生：❹貴社は韓国でもとても有名で、多くの人々が貴社の製品をほしがっています。
　　　　また、いつも顧客を大切にする姿勢が国民に評価されています。
　　　　私も、そのような伝統ある優良企業で働いてみたいと考えています。
面接官：どうも、ありがとうございます。たしかに、弊社はどの国のお客様も大切にしていますが、それでは弊社の姿勢が他の会社と違うと思うところを詳しく説明してください。
大学生：それは、…。
面接官：わかりました。今日の面接はこれで終わりです。お疲れさまでした。

해석

(노크를 한다 → 시험장에 들어간다 → 문 쪽을 향해 조용하게 문을 닫는다)
대학생 : 실례합니다.

(의자 앞으로 간다)
대학생 : ○×대학 경제학과 4학년 ○○○라고 합니다.
　　　　잘 부탁 드립니다.
면접관 : 여기 앉으세요.
대학생 : 실례합니다(감사합니다).

(의자에 자세를 똑바로 하고 앉는다)
면접관 : (자기 소개서를 보면서) ○○씨는 워킹 홀리데이로 일본에 다녀오신 모양이
　　　　군요.
대학생 : ❶네, 네.
면접관 : 일본에서의 생활은 어땠습니까?
대학생 : ❷즐거웠습니다.
면접관 : 그러셨군요. 어떤 일들이 즐거웠습니까?
대학생 : 일본에서 아르바이트를 하면서 생활하고 ❷일본의 문화를 경험할 수 있었던 것
　　　　입니다.
면접관 : 문화 말입니까? 그렇다면 어떤 부분이 인상에 남아있습니까?
대학생 : ❸…….
면접관 : 지원 동기에 대해 묻겠습니다. 많은 회사가 있는데 어째서 본사에 지원하게
　　　　되었습니까
대학생 : ❹귀사는 한국에서도 매우 유명하며 많은 사람들이 귀사의 제품을 원하고 있
　　　　습니다.
　　　　또 항상 고객을 소중히 하는 자세가 국민들에게 높은 평가를 받고 있습니다.
　　　　저도 그러한 전통 있는 우수 기업에서 일해 보고 싶다고 생각하고 있습니다.
면접관 : 감사합니다. 확실히 본사는 어떤 나라의 고객이라도 매우 소중히 하고 있는
　　　　데, 그렇다면 본사의 자세가 다른 회사와 다르다고 생각하는 점에 대해 자
　　　　세히 설명해 보십시오.
대학생 : 그것은…….
면접관 : 잘 알겠습니다. 면접은 여기까지입니다. 수고하셨습니다.

이것이 포인트

면접 샘플 1의 학생은 지원한 회사에 대해 성실하게 조사하지 않은 것 같습니다. 면접관은 준비 부족을 쉽게 알아차립니다. 역시 지원할 회사에 대해서는 사전에 정보를 수집하여 그 열의를 회사에 보이도록 하는 것이 좋습니다.

❶ 「はいはい」
 → 대답은 한 번만. 「はいはい」에는 「もう分かっている(이미 알고 있다)」라는 부정적인 의미가 포함되어 있어서 이런 식의 대답은 상대에 대한 실례이다.

❷ 「楽しかったです」「日本の文化を経験できたことです」
 → 「楽しかったです」의 이유가 「日本の文化を経験できたことです」만으로는 너무 추상적이다. 일본에서 생활하면서 느낀 점을 구체적인 일화를 첨가하여 써 두는 것이 좋다.

❸ 「…。」
 → 면접에서 아무 말도 못 하는 사람이 되어서는 안 된다. 말 없이 대답을 얼버무리게 되면 어른스럽지 못하다는 인상을 준다. 모를 때는 잘 모르겠다고 솔직하게 말하자.
 예「申し訳ございません。それについてはよく分かりません。」

❹ 「貴社は韓国でもとても有名で、多くの人々が貴社の製品をほしがっています。
 また、いつも顧客を大切にする姿勢が国民に評価されています。
 私も、そのような伝統のある優良企業で働いてみたいと考えています。」
 → 회사를 칭찬하는 것이 잘못되었다는 것은 아니지만 회사를 칭찬하는 것 = 지원 동기는 아니다. 구체적으로 이 회사의 어떤 상품과 어떤 서비스가 높이 평가되는지를 알기 쉽게 이야기해야 한다. 지원할 회사에 대해 면밀한 사전 조사를 해 둘 것.

Sample 면접 샘플 2

(ドアをノックする→部屋に入る→ドアの方を向き静かにドアを閉める)
大学生：失礼いたします。

(いすの前に進む)
大学生：〇△大学工学部4年〇〇〇と申します。
　　　　どうぞ、よろしくお願いいたします。
面接官：どうぞ、こちらにおかけください。
大学生：失礼いたします。

(いすに座り姿勢を正す)
面接官：今日はどちらからいらっしゃいましたか。
大学生：春川（チュンチョン）です。
面接官：春川からは昨日来たのですか。
大学生：いいえ、今朝高速バスに乗って来ました。
面接官：そうですか。それはお疲れになったでしょう。
　　　　では、まずご自分の性格についてお話しください。
大学生：❶え、何ですか。
面接官：あなたの性格です。
大学生：あ、性格は楽天的だと思います。失敗した時にはいろいろ悩みますが、いくら長い間悩んでも終わったことを後悔しても仕方がないので、気分を切り替えるようにしています。
面接官：そうですね。終わったことをいつまでも引きずるとストレスがたまりますからね。
　　　　(履歴書を見ながら)〇〇さんは日本語でのアルバイトのご経験もあるようですが、韓国の方と日本人が一緒に仕事をするにはどんなことが必要だと思いますか。
大学生：そうですね、お互いの文化を尊重して配慮することが必要だと思います。私は、日本のカメラ店で日本の方と一緒に1年間アルバイトをした経験があるので、❷だから❸日本の文化を完璧に理解する自信があります。
面接官：どんな国の文化でも完璧に理解するのは難しいことだと思うのですが。
大学生：❹…。
面接官：それでは、採用されたらどのような仕事をしてみたいですか。
大学生：はい、営業の仕事がしてみたいです。
面接官：営業ですか、いいですね。弊社では韓国語のできる営業部員がいないので、韓国語と日本語ができる〇〇さんのような方に期待しているんですよ。
大学生：ありがとうございます。
面接官：実は、私も前から韓国語を勉強したいと思っていたのですが、もし〇〇さんが入社したら、うちの営業部の社員にビジネスで使う韓国語を教えてもらえますか。
大学生：ええ、だいじょうぶです。韓国語なら❺いつでも教えてあげます。
面接官：あ、それはどうも。以上です。

Sample 면접 샘플 2

해석

(문을 노크한다→시험장에 들어간다→문 쪽을 향해 조용히 문을 닫는다)
대학생 : 실례합니다.

(의자 앞으로 나간다)
대학생 : ○△대학교 공학부 4학년 ○○○라고 합니다. 잘 부탁 드립니다.
면접관 : 여기 앉으십시오.
대학생 : 실례합니다(감사합니다).

(의자에 앉아 자세를 바르게 한다)
면접관 : 오늘은 어디에서 오셨습니까?
대학생 : 춘천입니다.
면접관 : 춘천이라면 어제 오셨습니까?
대학생 : 아닙니다. 오늘 아침에 버스를 타고 왔습니다.
면접관 : 그러셨군요. 많이 피곤하시겠습니다. 그러면 우선 자신의 성격에 대해 이야기 해보십시오.
대학생 : ❶네? 뭐라고요?
면접관 : 자기 성격에 대해 말해 보십시오.
대학생 : 아, 성격은 낙천적이라고 생각합니다. 실수했을 때에는 고민도 많이 하고 괴로워하지만 아무리 오랫동안 괴로워해도, 이미 끝난 일을 후회해도 소용이 없기 때문에 기분을 바꾸도록 노력합니다.
면접관 : 그러시군요. 끝난 일을 붙잡고 질질 끄는 것도 스트레스가 쌓이니까요. (이력서를 보면서) ○○씨는 일본에서 아르바이트를 한 경험도 있으신데 한국인과 일본인이 함께 일을 하기 위해서는 어떤 것이 필요하다고 생각하십니까?
대학생 : 그렇군요. 각각의 문화를 서로 존중하면서 배려할 필요가 있다고 생각합니다. 저는 일본의 카메라 전문점에서 일본분과 함께 일년간 아르바이트를 한 경험이 있으므로, ❷그렇기 때문에, ❸일본문화를 완벽하게 이해할 자신이 있습니다.
면접관 : 어떤 나라의 문화도 완벽하게 이해하는 것은 어렵다고 생각하는데요.
대학생 : ❹….
면접관 : 그러면 만약에 채용되면 어떤 일을 하고 싶습니까?
대학생 : 네, 영업 쪽 일을 하고 싶습니다.
면접관 : 영업입니까? 그렇군요. 본사에서는 한국어를 할 수 있는 영업부 사원이 없어서 한국어와 일본어를 다 사용할 수 있는 ○○씨와 같은 분에게 기대하고 있습니다.
대학생 : 감사합니다.
면접관 : 사실 저도 예전부터 한국어를 배우고 싶었는데 만약 ○○씨가 입사한다면 우리 영업부 사원에게 비즈니스에서 사용되는 한국어를 배우고 싶은데, 가르쳐 주시겠습니까?
대학생 : 네, 괜찮습니다. 한국어라면 ❺언제라도 가르쳐 드리겠습니다.
면접관 : 네, 감사합니다. 이상입니다.

이것이 포인트

면접 샘플2의 학생은 일본에서 생활했던 경험을 중심으로 이야기하고 있는데 그 방법이 좋지 않습니다. 이런 식으로는 면접관에게 「生意気だ」 즉, 조금 건방지다는 인상을 줄 수 있습니다.

❶ 「え、何ですか。」
  → 상대가 말하고 있는 내용을 잘 이해하지 못했을 때에는 「すみません。質問をもう一度お願い致します。」라고 정중하게 말하자.

❷ 「だから」
  → 「だから」는 너무 강한 표현. 「ですから」를 사용하는 것이 적당하다.

❸ 「日本の文化を完璧に理解する自信があります。」
  → 「完璧に」나 「自信がある」는 상당히 강한 표현이므로 경솔하게 사용하면 역효과를 내게 된다. 일본어로 면접을 볼 때에는 좀 더 조심스러운 표현이 요구된다.
  예 そんなに多くはありませんが、韓国と日本の習慣の差に気がつきました。
  日本の方の考え方が少し理解できるようになりました。

❹ 「…。」
  → 「日本の文化を完璧に理解する自信があります。」라고 말한 후에 몇 번이나 제대로 대답하지 못한 것은 큰 문제. 이 장면에서 이 학생은 자신에 대한 평가를 크게 떨어뜨리게 되었다.

❺ 「いつでも教えてあげます。」
  → 잘못된 겸양 표현이다. 「～해 드리다=～てあげる」는 가장 대표적인 예이다. 겸양표현을 사용한다면 「私でよかったら、いつでもお手伝いいたします。」라고 말하는 것이 좋다.

Sample 면접 샘플 3

（ドアをノックする→部屋に入る→ドアの方を向き静かにドアを閉める）

大学生：失礼いたします。

（いすの前に進む）

大学生：□□大学人文学部4年○○○と申します。
　　　　どうぞ、よろしくお願いいたします。
面接官：どうぞ、お座りください。
大学生：失礼いたします。

（いすに座り姿勢を正す）

面接官：それでは、まず志望動機からお願いします。
大学生：はい。私は大学で観光学を❶学んだし、日本に留学もしました。最近、韓国を訪問する日本人観光客が❷多いし、日本を訪問する韓国人観光客も❸多いじゃないですか。それで、いろいろ調べてみたら日本の観光業界はサービスの面が進んでいることがわかって、興味を持つようになりました。特に、御社は外国から来る団体のお客様のご案内に力を入れていることを聞いたので志望しました。
面接官：そうですか。他の旅行会社と比べて弊社はどうですか。
大学生：やっぱり、御社の方が❹ずっと優れていると❺思いますよ。御社のホームページには、他の会社にはない魅力的なツアーがたくさん❻紹介されているし、拝見するたびに感心します。
面接官：そうですか。それでは、もし、○○さんが韓国のお客様を京都に連れて行くとしたら、どこをご案内しますか。
大学生：そうですね。まず金閣寺と銀閣寺に❼ご案内しますよ。それから、清水寺もご案内して哲学の道をゆっくり散策するのもいいと思います。
面接官：ほう、よく勉強しているようですね。ところで、○○さんの一番得意なことは何ですか。
大学生：人の名前と顔を一回で覚えることです。一度会った人ならたいてい忘れません。
面接官：そうですか。うらやましいですね。
大学生：❽覚える努力をしたら、だれにでもできます。
面接官：では、最後に何か質問はありませんか。
大学生：❾特にありませんね。
面接官：これで面接を終わります。お疲れさまでした。
大学生：ありがとうございました。

해석

(문을 노크한다→시험장에 들어간다→문 쪽을 향해 조용히 문을 닫는다)
대학생 : 실례합니다.

(의자 앞으로 나간다)
대학생 : ㅁㅁ대학교 인문학부 4학년 ㅇㅇㅇ라고 합니다. 잘 부탁 드립니다.
면접관 : 자리에 앉으십시오.
대학생 : 실례합니다(감사합니다).

(의자에 앉아 자세를 바로 한다)
면접관 : 그러면 우선 지원 동기부터 말씀해 주십시오.
대학생 : 네. 저는 대학에서 관광학을 ❶공부했고, 일본에서 유학도 했습니다. 최근에는 한국을 방문하는 일본인 관광객이 ❷많고, 일본을 방문하는 한국인 관광객도 ❸많지 않습니까? 그래서 조사를 해 봤더니 일본 관광 업계는 서비스면에서 발달되어 있다는 것을 알게 되어 흥미가 생겼습니다.
특히 귀사는 외국에서 오는 단체 손님의 안내에 주력하고 있다고 들어 지원하게 되었습니다.
면접관 : 그렇습니까? 다른 여행 회사와 비교해 본사는 어떻습니까?
대학생 : 역시 귀사가 ❹훨씬 훌륭하다고 ❺생각해요. 귀사의 홈페이지는 다른 회사에는 없는 매력적인 투어가 많이 ❻소개되어 있어, 볼 때마다 감탄합니다.
면접관 : 그렇군요. 그러면 만약 ㅇㅇ씨가 한국의 손님을 교토로 데리고 간다면 어디를 안내하시겠습니까?
대학생 : 우선 金閣寺(금각사)와 銀閣寺(은각사)로 ❼안내할 겁니다. 그리고 나서 清水寺(기요미즈데라)로 안내해서 哲学の道(철학의 길)을 천천히 산책하는 것도 좋다고 생각합니다.
면접관 : 공부를 많이 하셨군요. 그런데 ㅇㅇ씨가 가장 자신 있는 것은 무엇입니까?
대학생 : 사람의 이름과 얼굴을 한 번 보면 그대로 외우는 것입니다. 한 번 만난 사람은 거의 잊어버리지 않습니다.
면접관 : 그렇습니까? 부럽군요.
대학생 : ❽외우도록 노력하면 누구라도 할 수 있습니다.
면접관 : 그러면 마지막으로 회사에 대해 질문이 있습니까?
대학생 : ❾특별히 없습니다.
면접관 : 이것으로 면접을 마치겠습니다. 수고하셨습니다.
대학생 : 감사합니다.

이것이 포인트

면접 샘플 3의 학생은 일본어 수준이 상당하여 일본의 관광지에 대해서도 공부하고 있는데, 아쉽지만 면접관에게 좋은 인상을 주지 못했을 것입니다.
왜일까요? 그것은 이 학생이 너무 스스럼 없는 일본어 표현을 사용하고 있기 때문입니다. 문법편에서 설명했듯이 면접을 볼 때는 면접에 걸맞는 말투와 언어를 사용하도록 해야 합니다.

● **지나치게 스스럼 없는 표현**

❶ 学んだし → 学び
❷ 多いし → 多く
❸ 多くじゃないですか → 多いです
❹ ずっと → たいへん
❺ 思いますよ → 思います
❻ ご案内しますよ → ご案内します
❼ 紹介されているし → 紹介されていて
❽ 「覚える努力をしたら、だれにでもできます。」
　　→ 칭찬을 받았을 때에는 우선 겸손하게 「ありがとうございます。」라고 말할 것. 그 후 면접관으로부터 「人の顔と名前を1回で覚える秘訣は何ですか？」라는 질문을 받으면 자신의 의견을 말한다. 단 그 경우에도 겸손한 태도로 대답하는 것이 좋은 인상을 줄 수 있다.
　　예） 面接官：○○さんの一番得意なことは何ですか。
　　　　○○　：人の名前と顔を一回で覚えることです。一度会った人ならたいてい忘れません。
　　　　面接官：そうですか。うらやましいですね。
　　　　○○　：とんでもありません。どうも、ありがとうございます。
　　　　面接官：人の顔と名前を1回で覚える秘訣は何ですか？
　　　　○○　：特別に秘訣というほどのことはありませんが、初めて会ったときに、まず目の形を覚えるように努力しています。
❾ 特にありませんね → 特にありません

Column

提出書類の送り方
지원 서류를 보내는 방법

　지원 서류를 우편으로 보내는 경우에 마감일은 반드시 지켜야 합니다. 기본적으로 마감일이 지나 도착한 서류는 수리되지 않는다고 생각하십시오. 국내에 있는 회사로 보낼 경우에는 등기로 보내도록 합니다. 일본처럼 해외의 회사로 보낼 때에는 EMS를 이용합니다.
　EMS(Express Mail Service)는 서류 등 우편물을 외국으로 빠르고 확실하게 보낼 수 있는 우편 서비스입니다. 한국에서 일본까지라면 보통 1주일 이내에 도착합니다.
　우체국에 가면 EMS 전용 봉투가 있는데 거기에 필요한 사항을 기입하여 창구의 직원에게 건넵니다. 요금은 무게에 따라 다른데 일반적인 서류라면 10,000원 정도일 것입니다. 비싸다고 생각할지도 모르지만 중요한 서류를 보낼 때 이용하면 편리합니다. 그리고 서류는 클리어 파일 등에 넣어 보내게 되면 서류를 더럽히지 않고 보낼 수 있습니다. 이런 사소한 것에까지 생각이 미치는 사람이라면 회사에서 사무 능력이 있다는 평가를 받을 수 있을 것입니다.
　또 봉투에는 지원 서류 외에 반드시 인사문을 쓴 종이를 동봉하도록 합니다. 인사문이 없으면 당돌하고 인상을 주어 실례가 됩니다.

株式会社　〇〇商事　採用御担当者様
時下、貴社におかれましてはますますご清栄(せいえい)のこととお慶(よろこ)び申し上げます。
この度、貴社の募集に応募したく、ご指示の通り以下の書類を同封いたしました。
よろしくご査収(さしゅう)の程お願いいたします。
〇 履歴書
〇 エントリーシート
〇 在学証明書
〇 成績証明書

　　　　　　　　　　　　　　　　　　20**年*月*日
　　　　　　　　　　　　　　　　〇〇大学ＸＸ学部4年
　　　　　　　　　　　　　　　　　李泰順(イテスン)

Sample 면접 샘플 4

（ドアをノックする→部屋に入る→ドアの方を向き静かにドアを閉める）
大学生： 失礼いたします。

（いすの前に進む）
大学生： X○大学工学部4年○○○と申します。
　　　　 どうぞ、よろしくお願いいたします。
面接官： どうぞ、おかけください。
大学生： はい、失礼致します。
面接官： 今日は、わざわざ面接にお越しいただきありがとうございます。
　　　　 このビルは駅から少し離れていますが、ここまで迷わず来られましたか。
大学生： はい、地図を見ながら来ましたので、迷わず来ることができました。
面接官： そうですか。
　　　　 （エントリーシートを見ながら）○○○さんは、電気工学がご専攻のようですが、特に、どのような分野に関心がおありですか。
大学生： 最近、特に関心があるのはデジタルカメラの開発です。大学の図書館に日本語の専門雑誌のコーナーがあるので、毎月新しい号が入ると辞書を引きながら読んでいますが、デジタルカメラも会社ごとに特徴があり、とてもおもしろいです。
面接官： そうですね。最近は技術開発の競争が激しいので、新しい製品を出しても3ヶ月もたつとすぐに古くなってしまうのが現状です。では、○○○さん、うちのデジタルカメラの特徴は何だと思いますか。
大学生： はい、❶○X社のデジタルカメラは、画面が見やすいと思います。撮影するときに、画面を見る角度が斜めになっても、○X社の製品は画面が見やすいように工夫されていると雑誌に紹介されていたので、この前お店で試してみたら、やはり他社のものよりも使いやすかったです。このように、ユーザーの立場に立って作られているところが、○X社のデジタルカメラの特徴だと思います。
面接官： そうですか。たしかに、うちはお客様が使いやすい製品を作ることをモットーにしていますので、おかげさまでその点が雑誌でも評価されているのだと思います。では、他社の製品についてはどうですか。
大学生： △△社の製品は色が10色もあり、デザインもいいと思います。ＸＸ社の製品は韓国に入ってきたのが早く今も多くの支持を集めていますが、他社よりも値段が高いので学生向けではないように思います。
面接官： はい、わかりました。ところで、話は少し変わりますが、あなたの職業選択の基準について教えてください。
大学生： ❷…。は、はい、そうです。
面接官： いえ、あなたはどういう会社で仕事をしたいと思っていますか。
大学生： あ、はい。実は、私は子供の頃からラジオや時計を作ることが大好きでした。作っては分解して、また作っては分解して遊んでいました。家の時計を分解して直せなくなり母に怒られたこともありましたが、その頃から将来は人のために役立つものを作りたいと考えていました。その点、○X社の製品は先ほどの画面の話のように、使えば使うほどその良さが分かってくると思います。私は、そのようなユーザーを第一に考える会社で働きたいと考えています。
面接官： なるほど、よくわかりました。

해석

(문을 노크한다→시험장에 들어간다→문 쪽을 향해 조용히 문을 닫는다)

대학생 : 실례합니다.

(의자 앞으로 나간다)

대학생 : ×○대학교 공학부 4학년○○○라고 합니다. 잘 부탁 드립니다.
면접관 : 자리에 앉으십시오.
대학생 : 네. 실례합니다(감사합니다).

(의자에 앉아 자세를 바로 한다)

면접관 : 오늘 면접을 보러 와주셔서 감사합니다.
 이 건물은 전철역에서 조금 떨어져 있는데 도중에 길을 헤매지는 않으셨습니까?
대학생 : 예, 지도를 보면서 와서 헤매지는 않았습니다.
면접관 : 그렇군요.
 (자기 소개서를 보면서) ○○○씨는 전공이 전기공학이신데 특별히 어떤 분야에 관심을 두고 계십니까?
대학생 : 최근에 특히 관심이 있는 것은 디지털 카메라 개발입니다. 대학교 때 도서관에 일본 전문 잡지 코너가 있어서 매달 새로운 호가 들어오면 사전을 찾으면서 읽곤 했었는데 디지털 카메라도 회사마다 특징이 있어서 매우 흥미 깊었습니다.
면접관 : 그렇군요. 최근에는 기술 개발 경쟁이 격심해져서 새로운 제품을 출시해도 석 달이 채 지나지 않은 사이에 이미 구형이 되어 있는 것이 실정입니다.
 그러면 ○○○씨 저희 회사의 디지털 카메라의 특징은 무엇이라고 생각하십니까?
대학생 : 예. ❶○×사의 디지털 카메라는 화면을 보기가 쉽다고 생각합니다. 촬영할 때, 화면을 보는 각도가 기울어져도 ○×사의 제품은 화면을 보기가 쉽도록 고안되어 있다고 잡지에 소개되어 있어서 요전에 전문점에서 시험해 보았더니 역시 타사의 제품보다 사용하기 쉬웠습니다. 이처럼 사용자의 입장에서 제품을 생산하는 점이 ○×사의 디지털 카메라의 특징이라고 생각합니다.
면접관 : 그렇게 생각하십니까? 확실히 저희 회사는 고객이 사용하기 쉬운 제품을 만드는 것을 모토로 하고 있기 때문에 그 점이 잡지에서도 좋은 평가를 받고 있다고 생각합니다. 그러면 타사의 제품에 대해서는 어떻게 생각하십니까?
대학생 : △△사의 제품은 색이 10색이나 되고 디자인도 좋다고 생각합니다. ××사의 제품은 한국에 들어온 시기가 빠르고 지금도 많이 사용되고 있지만 타사에 비해 가격이 높아서 학생이 사용하기에 좋은 제품은 아니라고 생각합니다.
면접관 : 잘 알겠습니다. 그러면 조금 다른 이야기가 되겠지만 ○○○씨가 직업을 선택하는 기준에 대해 말씀해 주십시오.
대학생 : ❷…. 아, 네, 그렇습니다.
면접관 : 그게 아니라 ○○○씨는 어떤 회사에서 일을 하고 싶다고 생각하십니까?
대학생 : 예. 사실 저는 어린 시절부터 라디오나 시계를 만드는 것을 좋아했습니다. 만들고는 분해하고, 또 만들고 다시 분해하면서 놀곤 했습니다. 집에 있는 시계를 분해해서 바로 고칠 수 없어서 어머니께 혼난 적도 있었지만 그 때부터 장래에는 사람들을 위해 도움이 될만한 것을 만들고 싶다고 생각했습니다. 그런 점에서 ○×사의 제품은 앞에서 화면에 대해 말씀 드렸듯이 사용하면 사용할수록 장점을 더욱 잘 알 수 있다고 생각합니다. 저는 이처럼 사용자를 최우선으로 생각하는 회사에서 일하고 싶다고 생각하고 있습니다.
면접관 : 그러시군요. 잘 알겠습니다.

이것이 포인트

면접 샘플 4의 학생은 지원한 회사에 대해 잘 조사하여 그것을 효과적으로 표현하고 있습니다.
중간에 이야기가 조금 맞지 않았던 부분도 있었지만, 그 후 자신의 직업 선택의 기준에 대한 질문을 받았을 때에는 사전에 준비해 둔 자신의 성격에 대한 이야기를 곁들여 전개하고 있습니다.
면접관으로부터 성격에 대한 질문을 받지 않았을 때에는 이런 식으로 다른 질문에 답할 때에 사용할 수도 있지만 그런 응용력을 키우기 위해서는 당돌한 이야기가 되지 않도록 충분히 연습해야만 합니다.

・・・・・・・・・・・・・・・・・・・・・・・・・・・・

❶ 「○X社」
　→ 면접을 보게 된 회사를 지칭할 때에는 「御社」 또는 「貴社」라고 한다.
　　△△社 → 타사이므로 「△△社さん」이라고 말한다.
　　Ｘ Ｘ社 → 타사이므로 「Ｘ Ｘ社さん」이라고 말한다.

❷ 「…。は、はい、そうです」
　→ 질문의 의미를 잘 파악하지 못했을 때에는 상대에서 다시 한번 내용을 묻는 것이 좋다. 이야기의 내용도 파악하지 못했는데 '예, 그렇게 생각합니다'라고 답해버리는 실수를 해서는 안 된다.

Sample 면접 샘플 5

(ドアをノックする→部屋に入る→ドアの方を向き静かにドアを閉める)
大学生： 失礼いたします。

(いすの前に進む)
大学生： △X大学法学部4年○○○と申します。
　　　　どうぞ、よろしくお願いいたします。
面接官： どうぞ、おかけください。
大学生： 失礼いたします。

(いすに座り姿勢を正す)
面接官： ○○○さん、今日はどちらからいらっしゃいましたか。
大学生： 済州（チェジュ）からまいりました。
面接官： そうですか。遠いところお疲れさまです。では、まずご自分の性格について
　　　　お話しください。
大学生： はい。私はスポーツが好きです。
　　　　それもどちらかというと、個人でするよりも団体でするほうが好きです。
　　　　以前から、よくサッカーをしておりますが、プレーが攻撃的すぎると言われること
　　　　があります。たぶん、ふだんはおとなしい性格だと思うのですが、あることに集中
　　　　すると周りが見えなくなってしまうところがあるのかもしれません。
　　　　しかし、最近は集中しても冷静に自分の力が出せるようになってきたと思います。
面接官： わかりました。どうして、弊社を受けようと思われたのですか。
大学生： はい。私は以前から環境問題に関心を持っており、学生時代には、山などに捨てて
　　　　あるごみを拾ってリサイクルしたり、街をきれいにしようと呼びかけたりするボラ
　　　　ンティア活動をしておりました。御社のような、環境にやさしい企業で低公害の製
　　　　品を開発してみたいと思い、受験いたしました。
面接官： なるほど。もう少し詳しくお話しいただけませんか。
大学生： はい。私が今、特に注目しているのは太陽熱です。御社の製品をはじめ、これまで
　　　　は太陽熱を集めるパネルが大きかったため、それを製品化するのが困難であったと
　　　　思われます。もし、このパネルが今よりも小さくできれば、いろいろな分野へ応用
　　　　できるのではないかと思っております。
面接官： ほう、なかなかよく勉強していらっしゃるようですね。
大学生： ありがとうございます。でも、調べれば調べるほど、わからないことが出てきます。
　　　　まだまだ、勉強が足りません。
面接官： そうですか、よくわかりました。今日の面接はこれで終わりです。
　　　　合否（ごうひ）の結果は、来週お知らせいたします。お疲れさまでした。
大学生： どうも、ありがとうございました。

(席を立ちドアの前に進む)
大学生：失礼いたします。

(礼をしてドアを開ける→ゆっくりドアを閉める)

Sample 면접 샘플 5

해석

(문을 노크한다→시험장에 들어간다→문 쪽을 향해 조용히 문을 닫는다)
대학생 : 실례합니다.

(의자 앞으로 나간다)
대학생 : △×대학교 법학과 4학년 ○○○라고 합니다. 잘 부탁드립니다.
면접관 : 자리에 앉으십시오.
대학생 : 네. 실례합니다(감사합니다).

(의자에 앉아 자세를 바로 한다)
면접관 : ○○○씨는 어디에서 오셨습니까?
대학생 : 제주도에서 왔습니다.
면접관 : 먼 곳에서 오시느라 수고하셨습니다.
그러면 우선 자신의 성격에 대해 말씀해 보십시오.
대학생 : 예. 저는 스포츠를 좋아합니다.
스포츠 중에서도 혼자서 하는 것보다는 단체로 하는 스포츠를 더 좋아합니다. 예전부터 축구를 하고 있는데 플레이가 너무 공격적이라는 말을 자주 듣습니다. 평소 때는 차분한 성격이라고 생각하는데 어떤 일에 집중하면 그 일 외에 다른 일은 보이지 않게 되는지도 모르겠습니다.
면접관 : 잘 알겠습니다. 어째서 본사에 지원하게 되었습니까?
대학생 : 저는 예전부터 환경 문제에 관심이 있었고 학교 재학 때에는 산에 버려진 쓰레기를 주워 재활용하거나 거리를 깨끗하게 하는 자원 봉사 활동을 했습니다. 귀사와 같이 환경친화적인 기업에서 저공해 제품을 개발해 보고 싶다고 생각하여 지원하게 되었습니다.
면접관 : 그러시군요. 좀더 자세히 말씀해 주시겠습니까?
대학생 : 예. 제가 지금 특히 주목하고 있는 것은 태양열입니다. 귀사의 제품을 비롯하여 지금까지 태양열을 모으는 패널의 크기가 컸기 때문에 그것을 제품화하는 데 어려움이 있었다고 생각됩니다. 만약 이 패널을 지금보다 작게 만들 수 있다면 다양한 분야에서 응용할 수 있을 거라고 생각합니다.
면접관 : 공부를 많이 하고 계시는 군요.
대학생 : 감사합니다. 그렇지만 조사를 계속하면 할수록 모르는 것이 자꾸 생깁니다. 아직 공부해야 할 것이 많습니다.
면접관 : 그렇군요. 잘 알겠습니다. 오늘 면접은 여기에서 마치겠습니다.
결과는 다음주에 알려드리겠습니다. 수고하셨습니다.
대학생 : 감사합니다.

(의자에서 일어나 문 앞으로 간다)
대학생 : 실례합니다.

(인사를 하고 문을 연다→조용히 문을 닫는다)

이것이 포인트

면접 샘플 5의 학생이 말하고 있는 일본어를 다시 한번 살펴봅시다.
이 학생은 그렇게 어려운 문법표현은 사용하지 않지만 면접의 기본적인 원칙을 잘 지키고 지원하는 회사에 대해 사전에 잘 조사하고 말하고 있기 때문에 '귀사에서 일하고 싶다'는 열의가 그대로 느껴지는 좋은 면접의 예입니다. 여러분도 참고하도록 합시다.

취업 정보 사이트

한국과 일본의 주요 취업 정보 사이트를 소개합니다.
- 한국
  잡코리아 http://www.jobkorea.co.kr/
  커리어 http://www.career.co.kr/
  인크루트 http://www.incruit.com/
  고용정보 워크넷 http://www.work.go.kr/
  스카우트 http://www.scout.co.kr/
  사람인 http://www.saramin.co.kr/

- 일본
  日経ナビ(닛케 나비) http://job.nikkei.co.jp/
  毎日就職ナビ(마이니치 슈쇼쿠나비) http://job.mycom.co.jp/
  リクナビ(리크나비) http://www.rikunabi.com/
  外国人就職ネット(외국인 취업 네트) http://www.tsubasainc.net/

# 면접에서 자주 받는 질문

면접에서 받는 질문을 완전히 예상하기는 어렵지만 자주 받게 되는 질문을 정리해 둡니다. 아래 질문을 잘 읽고 답변을 예상해 두는 것도 좋을 것입니다.
그렇게 하면, 혹 면접을 볼 때 여기에 없는 질문을 받게 된 경우라도 아래의 질문의 답을 잘 응용하여 당황하지 않고 침착하게 답할 수 있을 것입니다.

▶ 성격

自己紹介をしてください。
자기 소개를 하시오.

長所と短所を話してください。
장점과 단점에 대해 이야기하시오.

▶ 학업 전반

学生時代に力を入れたことは何ですか。
학창 시절에 열심히 했던 것은 무엇입니까?

卒業論文のテーマは何ですか。
졸업 논문의 주제는 무엇입니까?

在学中、何か資格を取りましたか。
재학 중에 어떤 자격증을 취득했습니까?

大学ではどんなサークルに入っていましたか。
학교에서는 어떤 서클에 들어가서 활동했습니까?

大学の成績はどうでしたか。
대학에서의 성적은 어땠습니까?

▶ 학생 생활

どんなアルバイトをしたことがありますか。
어떤 아르바이트를 한 적이 있습니까?

趣味は何ですか。
취미는 무엇입니까?

特技は何ですか。
특기는 무엇입니까?

▶ **지원 동기**

弊社を志望する理由は何ですか。
본사를 지원하게 된 이유는 무엇입니까?

弊社でどんな仕事をしたいですか。
본사에서 어떤 일을 하고 싶습니까?

どうしてこの業界を志望しましたか。
어떻게 이 업계를 지원하게 되었습니까?

弊社のイメージについてどう思いますか。
본사의 이미지에 대해 어떻게 생각합니까?

今までに何社くらい受験しましたか。
지금까지 몇 군데의 회사에 지원했습니까?

一番就職したい会社はどこですか。
취업을 가장 원하는 회사는 어디입니까?

入社したらどんな仕事をしたいですか。
입사를 하게 되면 어떤 일을 하고 싶습니까?

将来の夢は何ですか。
장래의 꿈은 무엇입니까?

勤務地の希望はありますか。
근무지로는 어디를 희망합니까?

出張が多いですが、大丈夫ですか。
출장이 많은데 괜찮습니까?

▶ **그 외**

最近、印象に残ったニュースは何ですか。
최근 인상 깊었던 뉴스는 무엇입니까?

尊敬する人はだれですか。
존경하는 인물은 누구입니까?

▶ **일본어·일본어 관련**

日本人の友達はいますか。
일본인 친구가 있습니까?

日本は好きですか。
일본은 좋아합니까?

日本語はいつから勉強していますか。
언제부터 일본어를 공부했습니까?

日本語の難しいところはどんなところですか。
일본어를 공부하면서 어려운 점은 어떤 점입니까?

日本語の他にどんな言葉が話せますか。
일본어 외에 어떤 언어를 말할 수 있습니까?

日本人のイメージについて話してください。
일본인의 이미지에 대해 말하시오.

最近の日本と韓国の関係についてどう思いますか。
최근의 일본과 한국의 관계에 대해 어떻게 생각합니까?

10年後の日本と韓国の関係を予想してください。
10년 후의 일본과 한국의 관계를 예상하시오.

Column

宛て名の書き方
수신처를 작성하는 방법

    수신처를 작성하는 데에도 몇 가지 원칙이 있습니다. 익숙해지기 전까지는 복잡하다는 생각이 들어도, 입사하고 나서도 중요한 지식이 되므로 반드시 외어 두어야 합니다.

1. 주식회사를 「(株)」라고 줄여서 쓰는 것은 제대로 된 작성방법이 아닙니다.
    나쁜 예) ○○商事(株)

2. 일본에서는 편지를 보낼 때 자택으로 보내는 경우에는 「様」를 사용하지만 회사로 보낼 때에는 상대의 직함을 씁니다.
    예 ○○ 商事株式会社　人事部人事課長
                 ○山○夫様

3. 담당자의 이름을 모르는 경우에는 「採用ご担当者様」라고 씁니다.
    예 ○○ 商事株式会社　採用御担当者様

4. 회사명과 부서명만 쓸 경우에는 「御中」라고 씁니다.
    예 ○○商事株式会社　御中
       ○○商事株式会社　総務部　御中

〔주의1〕 이력서와 같은 지원 서류를 보낼 때 이름 아래에 「지원서류 재중」이라고 쓰면 수신 측에서 다른 우편물과 뒤섞일 우려가 없습니다.
    예 ○○商事株式会社　人事部採用グループ　御中
                   (応募書類在中)

〔주의2〕 회사 측이 준비한 봉투에는 이름 란에 이미 「○○株式会社　人事部行き」라고 인쇄되어 있는 경우가 있습니다. 이런 경우 「行き」를 두 줄로 긋고 나서 그 옆에 개인의 이름일 경우에는 「様」를 회사 혹은 부서 명일 경우에는 「御中」라고 써야 합니다.
    예 ○○商事株式会社　人事部~~行き~~
                  御中
       ○○商事株式会社　人事部　○山○夫~~行き~~
                           様

Part IV

인터뷰

_インタビュー

일본의 비즈니스에 대해 잘 알고 있는 일본인 회사원 두 명과 실제로 일본어를 사용하면서 일을 하고 있는 졸업생 일곱 명과 인터뷰를 했습니다. 인터뷰 중에 여러분의 취업 활동에 참고가 될 만한 부분이 있을 것입니다. 꼼꼼히 읽어 보도록 합시다.
인터뷰(Q)는 저자 森田衛(모리타 마모루)가 했습니다.

🎤 **インタビュー**　人事担当者に聞く

～日本企業が求める人材とは～

　自動車部品等の分野で日本や韓国をはじめとする世界各国で幅広い事業展開をしている企業にお勤めの太田寛二さんに、外国人社員の人事を担当している立場から現在の日本企業が求める人材についてお話しをお伺いいたします。

1. 所属
　自動車部品メーカー（日本本社）人事部 係長
2. 会社の業務内容
　日本や韓国をはじめとする世界各国で自動車部品の製造・販売を行っている。

太田寛二

Q　太田さんは、入社以来、外国人社員の人事に関するお仕事を担当されているそうですが、具体的にはどのようなことをなさっていますか。

A　海外の現地法人で働く外国人社員（以下、現地社員）を対象とした、人事制度や教育プログラムの企画・運営を担当しています。一般的に、「現地法人で働く外国人社員の育成」といった場合、通常は生産現場のワーカー(worker)や若いスタッフ(staff)のことを連想されるかと思います。もちろんそういった取り組みも会社として行っておりますが、私の仕事のターゲット(target)となるのは、幹部候補生（今は日本人が主導している海外拠点の経営を将来担うことができそうな優秀な人材）です。日本の会社でいうのであれば、部長・次長クラスというイメージでしょうか。

Q　そうすると、日本語の他にも外国語を使って仕事をしているのですか。

A　ええ。日本語の他に英語も使っています。

인터뷰   인사 담당자에게 묻는다

~일본 기업이 요구하는 인재란~

자동차 부품 등의 분야에서 일본과 한국을 비롯하여 세계 각국에서 폭넓은 사업을 전개하고 있는 기업에 근무하고 있는 오오타 간지(太田寬二)씨에게 외국인 사원의 인사 담당자의 입장에서 현재의 일본기업이 요구하는 인재에 대해 이야기를 들어 보았습니다.

1. 소속
   자동차 부품 메이커(일본 본사)
   인사부 계장
2. 회사의 업무 내용
   일본과 한국을 비롯한 세계 각국에서 자동자 부품을
   제조·판매하고 있다.

Q   오오타 씨는 입사 이후에 외국인 사원의 인사에 관한 일을 담당하고 계신다고 들었는데 구체적으로 어떤 일을 하고 계십니까?

A   해외의 현지 법인에서 일하는 외국인 사원(이하 현지 사원)을 대상으로 한 인사제도와 교육 프로그램의 기획·운영을 담당하고 있습니다. 일반적으로 「현지 법인에서 일하는 외국인 사원 육성」이라고 하면 생산 현장의 노동자와 젊은 스탭을 생각하실지도 모르겠습니다. 물론 그런 육성 사업도 회사 차원에서 행하고 있지만 제 일의 목적이 되는 것은 간부 후보생(지금은 일본인이 주도하고 있는 해외 거점의 경영을 장래 담당할 수 있을 만한 우수한 인재)입니다. 일본 회사에서 말하는 부장·차장 급에 해당한다고 보시면 됩니다.

Q   그러면 일본어 외에도 다른 외국어를 사용하여 일을 하고 계시는 거로군요.

A   네. 일본어 외에도 영어를 사용하고 있습니다.

インタビュー　　人事担当者に聞く

Q　そうですか。仕事で使う外国語の問題についても、後ほどお話しをお伺いしたいと思いますが、その前に、まず最近の日本企業ではどのような人材が求められているのでしょうか。もちろん、業種によっても違うでしょうが、日本の会社にもこのところ中国出身の方など外国の方が入社しているというふうに聞いています。以前に比べて増えている、あるいは増えつつあるというのはどのあたりに原因があると思われますか。

A　日本の製造業、特に自動車関連産業は急激に海外展開を推進しており、世界各地にて多くの現地法人を設立しています。これまでは大量の日本人を現地法人に送り込み、日本人が主体となって事業運営を行うという方式が主流でしたが、数多くの現地法人が設立された現在では、そのやり方も限界を迎えつつあります。これからは各現地法人で採用され、働いている現地社員の活躍が不可欠です。もちろん優秀な現地社員は多くいると思います。しかし、彼らが弊社のような日本国籍の企業で活躍できるようになるためには、単に優秀なだけでは不十分であり、本社の日本人と十分にコミュニケーションを取ることが求められます。これは本社側の日本人にも当てはまることで、日本側も言語・異文化理解という点で一層国際化することが求められています。

　しかしながら、実際には本社の日本人が英語圏はともかく、非英語圏の現地社員と密接なコミュニケーションを図りながら、一緒に仕事を行うことは非常に難しいです。従って、現在各社が積極的に進出している中国等については、日本側でも現地の言葉を巧みに操れる人材(外国の方)を必要としていることは確かです。また海外とビジネスを行う上では、単に言葉だけではなく、その地域・国独特の商習慣等、日本とは異なる点について理解していることが肝要です。そういった点から、外国人社員は貴重な戦力として捉えられており、採用ニーズも高まっているものと考えられます。

인터뷰　인사 담당자에게 묻는다

Q 그러시군요. 일에서 사용하시는 외국어 문제에 대해서도 이후 말씀을 들어보고 싶습니다만, 그 전에 우선 최근 일본 기업에서는 어떤 인재를 요구하고 있습니까? 물론 직종에 따라서 차이가 있겠지만 일본의 회사에도 요즘 중국 출신 등 외국인이 입사하고 있다고 들었습니다. 예전에 비해 증가했다, 혹은 증가하고 있다는 것은 어디에 원인이 있다고 생각하십니까?

A　일본의 제조업, 특히 자동차 관련 산업은 급격하게 해외 진출을 추진하고 있고 세계 각지에 많은 현지 법인을 설립하고 있습니다. 지금까지는 많은 일본인을 현지 법인에 파견하여 일본인이 주체가 되어 사업 운영을 하는 방식이 주류였지만 많은 현지 법인이 설립되고 있는 현 시점에서는 그 방식이 한계를 보이고 있습니다. 앞으로는 각 현지 법인에서 채용되어 일하고 있는 현지 사원의 활약이 불가결해질 것입니다. 물론 우수한 현지 사원은 많으리라 생각됩니다.

　하지만, 실제로는 본사의 일본인이 영어권은 둘째 치고 비 영어권의 현지 사원과 밀접한 커뮤니케이션을 유지하면서 함께 일을 한다는 것은 매우 어려운 것입니다. 따라서 현재 각 회사가 적극적으로 진출하고 있는 중국 등에 대해서는 일본 측에서도 현지의 언어를 능숙하게 구사할 수 있는 인재(외국인)를 필요로 하고 있다는 것은 분명한 사실입니다.

또 해외와 비즈니스를 해 나가는 데 있어서는 단순히 언어뿐만 아니라 그 지역·국가의 독특한 상업 습관 등 일본과는 다른 점에 대한 이해가 매우 중요합니다. 그러한 점에서 외국인 사원은 귀중한 전력으로서 파악되고 있으며, 채용을 원하는 기업도 많아지고 있다고 생각됩니다.

インタビュー　　人事担当者に聞く

Q なるほど、日本企業でも現地の文化や習慣に精通した外国出身の方に対する期待が以前にも増して高まっているのですね。それでは、先ほどのお答えでも少し触れられていますが、そのイメージをはっきりさせたいのでもう少し詳しくお伺いしますが、そのような外国出身の方に対して特に日本企業が期待するのは、どのような点だと思われますか。

A 　出身国の母国語に堪能であったり、その国の文化・価値観を身に付けていることに加え、日本人のマインドや日本的な商習慣を理解し、現地側との橋渡しができることだと思います。単に本社の日本人社員に対して、「私の国では…。」と一方的に物申すだけでは不十分です。現地に対しても、本社の事情や日本人の考え方ときちんと説明し、両者にとって最適な決定がくだされるよう、調整役を果たしてほしいと思います。ここで誤解がないように補足しますが、私が申し上げたいことは、「日本の文化・価値観に染まれ」「日本人の言うとおりにしろ」ということでは決してありません。海外の方から見れば、日本は異文化であり時に理解しがたいことも多いと思います。それを否定するのではなく、「日本にはこのような考え方があるのだな」「日本人はこういった価値観や習慣があるから、仕事のやり方にも影響を与えているのだな」ということを受け入れ、理解を示してほしいということです。日本人と外国人が密接なコミュニケーションを通じて、互いの文化や価値観を共有できた時に、その会社独自の新たなMixed Cultureが生まれるのではないでしょうか。

Q 私もそのとおりだと思います。そうした調整役を担うために、就職を希望する学生は様々な経験を積極的に積み、人間的にも魅力を増していくような努力が求められていると思います。それでは、外国の方が日本企業で働く際には、具体的にどのような準備が必要でしょうか。まず、語学力についてお話しください。

인터뷰 - 인사 담당자에게 묻는다

Q 역시 일본 기업에서도 현지 문화와 습관에 정통한 외국 출신에 대한 기대가 이전보다 높아지고 있군요. 그러면 앞에서도 잠깐 말씀하셨지만 좀더 자세하게 묻고 싶습니다. 그런 외국 출신에 대해 일본 기업이 특히 기대하는 것은 어떤 점이라고 생각하십니까?

A 출신국의 모국어에 능통하며, 그 나라의 문화와 가치관이 몸에 배어 있다는 것 외에도 일본인의 마음과 일본적인 상업 습관을 이해하고 현지측과의 중간역할을 할 수 있는 점이라고 생각합니다. 단순히 본사의 일본인 사원에게 '우리 나라에서는…'이라고 일방적으로 말하는 것만으로는 부족합니다. 현지에 대해서도 본사의 사정과 일본인의 사고방식을 똑바로 설명하고 양자에 있어서 가장 적절한 결정을 내릴 수 있도록 조정하는 역할을 기대한다고 생각합니다.

그런 부분을 부정하는 것이 아니라,「일본에는 이런 사고방식이 있구나」,「일본인에게는 이런 가치관과 습관이 있으니까 일하는 방식에도 영향을 미치는구나」라는 것을 받아들이고 이해해 주었으면 하는 것입니다. 일본인과 외국인이 밀접한 커뮤니케이션을 통해 서로의 문화와 가치관을 공유하게 되었을 때 그 회사 특유의 새로운 Mixed Culture가 생기지 않을까요?

Q 저도 그렇게 생각합니다. 그런 조정 역할을 담당하기 위해 취업을 희망하는 학생은 다양한 경험을 적극적으로 쌓고 인간적으로도 충분히 매력적일 수 있도록 노력을 해야 한다고 생각합니다. 그러면 외국에서 온 사람이 일본 기업에서 일할 때에는 구체적으로 어떤 준비가 필요합니까? 우선 어학 능력에 대해 말씀해 주십시오.

🎤 インタビュー　　人事担当者に聞く

A　やはり、日本語で十分なコミュニケーションを図ることができるというのが絶対条件です。

職人的な仕事であれば自分ひとりで仕事を完結させることができるかもしれませんが、日本の企業における多くの仕事は周囲の人間との共同作業です。発音が上手でなくても構いませんので、自分の考えていることを日本語に置き換えて説明できることが求められます。また、周りの日本人が話していることを(個々の単語の意味はすべて分からなくても良いので)理解できないと、職場で孤立してしまいます。実際、私はアメリカ人とイギリス人と席を並べて仕事をした経験があります。一人でも職場に日本語が話せない、読めない人間がいると、担当業務の資料はもちろんのこと、飲み会の案内や防災訓練のマニュアルまで全て英語化しなければいけません。それでも社内放送や会社広報誌は未だに日本語ですので、少なからず彼らはフラストレーションを感じていたようです。自分だけ情報を共有してもらえないと感じていたのでしょう。それでも英語であれば、日本人は義務教育で学習していますし、世界の公用語として捉えられているので何かと触れる機会も多く、まだ障壁(しょうへき)は低い方だと思います。これが非英語となってしまうと、全くサポートできません。本人がつらい思いをするのは目に見えています。従いまして、日本をホームグラウンドとして働くつもりなのであれば、やはり日本語の習得が最重要と言えるでしょう。

また海外展開している日本の企業で働く上では、英語もある程度身に付けておく必要があるでしょう。実際、公用語を英語と定める日本企業も出てきています。少なくとも、海外に展開される資料は英語で作成するほか、職種に関わらず海外出張や海外からのお客様の受け入れという機会はますます増えています。

> **인터뷰**　인사 담당자에게 묻는다

A　역시 일본어로 충분한 의사소통이 가능하다는 것이 절대적인 조건입니다. 혼자서 모든 일을 해야 하는 경우라면 혼자서도 일을 끝낼 수 있을지도 모르지만 일본 기업에서 하는 일의 대부분은 주위 사람들과의 공동 작업입니다. 발음이 좋지 않아도 상관없으니까 자기가 생각하고 있는 것을 일본어로 바꾸어 설명할 수 있을 만한 실력이 요구됩니다.

또 주위의 일본인이 이야기하고 있는 것을(각 단어의 의미를 모두 알지 못 해도 되므로) 이해하지 못하면 직장에서 고립될 것입니다. 사실 저는 미국인, 영국인과 나란히 앉아 일을 한 경험이 있습니다. 그 중 한 사람이라도 직장에서 일본어로 말할 수 없고 또 일본어를 읽을 수 없는 사람이 있으면 담당 사무의 자료는 물론이고 회식 안내와 소방 훈련 메뉴얼까지 모두 영어로 만들어야 합니다. 그래도 사내 방송과 회사 내 공보지는 일본어이기 때문에 그 사람들은 꽤 많은 욕구불만을 느끼고 있었던 것 같습니다. 자기만 정보를 공유할 수 없다고 느꼈던 것이지요. 그래도 영어라면 일본인은 중·고등학교에서 학습하고 있고 세계적인 공용어로 받아들여지고 있어서 어떻게든 접촉할 기회도 많고 아직 장벽은 낮은 편이라고 생각합니다.

이것이 영어가 아니라면 전혀 지원을 받을 수 없습니다. 본인이 괴로워하고 있을 것이 눈에 선합니다. 따라서 일본을 무대로 일할 생각이라면 역시 일본어 습득이 가장 중요하다고 말할 수 있을 것입니다.

　또 해외로 진출하고 있는 일본의 기업에서 일하려면 영어도 어느 정도 익혀 둘 필요가 있을 것입니다. 실제로, 공용어로 영어를 사용하고 있는 일본 기업도 나오고 있습니다. 적어도 해외로 전개되는 자료는 영어로 작성하는 것 외에, 직종을 불문하고 해외 출장과 해외에서 오는 고객의 접대 기회는 더욱 늘어나고 있습니다.

🎤 **インタビュー**　　人事担当者に聞く

Q　業務に必要な専門知識についてはいかがですか。

A　これは外国の方だから特別な知識が求められるということはないと思います。日本人の社員も、仕事に必要な知識の多くは職場でのOJT（On the Job Training）で習得しています。従って、分からないこと、知らないことを貪欲に吸収しようという姿勢がまずは重要です。しかしながら、日本企業が即戦力の社員を求める傾向にあることは事実です。自分の専攻や研究テーマについて知識を深め、「これだけは人に負けない」と言えるようなものを身に付けてほしいと思います。

Q　外国人とともに仕事をした経験のある方ならたびたび感じることだと思うのですが、「言葉が通じる＋専門知識を持っている」＝「良い仕事ができる」にはならない場合があります。これには、様々な原因があるでしょうが、そのひとつに相手国の習慣や価値観を無視して仕事を進めていることが挙げられるように思います。そのあたりについてはどうでしょうか。印象深いエピソードなどがあったら、ご紹介ください。

A　非常に難しい質問ですが、先ほども申しました通り、日本や日本人の考え方や価値観を理解しようとするオープンマインドが求められると思います。例えば、自分が担当している仕事が終わったが、隣の人が忙しそうに働いているといった場合、欧米の人は気にせずに家に帰ります（全員ではないでしょうけれど）。

　一方、日本人であれば「手伝いましょうか？」と声を掛ける人が多いのではないでしょうか？これはどちらかが正しく、どちらかが間違っているわけではありません。欧米人にとっては、個々の仕事の責任範囲が明確であることが自然であり、担当外の人間が口を出すのは失礼だと考えているのでしょう。日本人の場合は、チームで仕事をするという意識が強く、個々の仕事の分担は曖昧だったりします。手が空いている人は自

인터뷰 - 　인사 담당자에게 묻는다

Q　업무에 필요한 전문 지식은 어떻습니까?

A　이것은 외국인이기 때문에 특별한 지식이 요구되는 것은 아니라고 생각합니다. 일본인 사원도 일에 필요한 지식의 대부분은 직장에서의 OJT(On the Job Training)에서 습득하고 있습니다. 따라서 모르는 것, 알 수 없는 것을 욕심을 내서 흡수할 수 있는 자세가 더욱 중요합니다. 그렇지만 일본기업이 즉시 전력 사원을 요구하는 경향이 있다는 것은 사실입니다. 자신의 전공과 연구 테마에 대해 지식을 깊이 하고 「이것만큼은 누구에게도 지지 않는다」라고 할 수 있는 것을 익혀 두어야 한다고 생각합니다.

Q　외국인과 함께 일을 한 경험이 있는 사람이라면 종종 느끼는 일이라고 생각하는데 「말이 통한다 + 전문지식을 가지고 있다」=「일을 만족스럽게 할 수 있다」가 아닌 경우가 있습니다. 여기에는 다양한 원인이 있겠지만 그 중 하나에 상대국의 습관과 가치관을 무시하면서 일을 진행하는 것을 들 수 있을 것입니다. 어째서 그렇다고 생각하십니까? 인상에 남아 있는 일화가 있다면 소개해 주십시오.

A　매우 어려운 질문이군요. 앞에서도 말씀 드린 대로 일본과 일본인의 사고방식과 가치관을 이해하려고 하는 열린 마음가짐이 요구된다고 생각합니다. 예를 들면 자신이 담당하고 있는 일이 끝났는데 옆 사람이 바쁘게 일하고 있는 경우에 서양 사람들은 신경쓰지 않고 집으로 돌아갑니다(모두가 그렇다는 것은 아니지만).

한편 일본인이라면 「좀 도와 드릴까요?」라고 말을 거는 사람이 많을 것입니다. 이것은 어느 쪽이 좋고 어느 쪽이 나쁘다는 것은 아닙니다. 서양인들은 자기가 맡은 일의 책임 범위가 명확한 것이 당연하여 담당이 아닌 사람이 참견을 하는 것은 실례라고 생각하고 있을 것입니다.

일본인의 경우에는 팀으로 일을 한다는 의식이 강하여 일의 분담은 애매합니다. 일이 없는 사람에게는 자연스럽게 다른 바쁜 사람을 돕는 것이 기대되

インタビュー　　人事担当者に聞く

ずと忙しい人を手伝うことを期待され、みんなで協力するというチームワークが美徳とされます。従って、チームワークに限らず日本人が大事にしている仕事の進め方・マインドといったものを理解し、可能な範囲で実践することが望ましいでしょう。

　個人的な意見ですが、このような日本的なマインド・価値観というものは、日本人の家庭に育ち、日本の学校に通い、日本のテレビを見るといった成長過程で自然と身につくものだと思います。従いまして、外国人が初めから日本人と同じマインドを身に付けるのは不可能だと思います。むしろ、日本での様々な体験を通じて自国の文化・価値観との違いを認識し、徐々に合わせていくというのが現実的ではないでしょうか。そのためには、「何だこれは」という出来事であっても、（倫理に反さない範囲内で）一度は全てを受け入れて、「なぜ日本人はそのような行動する（物を言う）のだろう」ということを前向きに考えてほしいと思います。日本人にまともに聞いても、的を射た回答は得られないかもしれません。多くの人と意見を交わしたり、本を読んだり、歴史を学んだりするうちに、自分なりの答えがみつかるものかもしれません。同時に日本のことしか知らない日本人に対しては、自分の国のことを色々と教えてほしいと思います。私たち日本人も、世界には多様な文化・価値観が存在することを認識し、それらにもっと敬意を払うべきだと思います。グローバル化が叫ばれるこれからの世の中においては、島国で育った日本人は世界の動きについて行けずに孤立してしまう可能性だってあるのですから。

Q ご自身の経験を振り返って、外国人社員とともに働く上で必要なこととは何だと思いますか。

A 　先ほどの回答と重複しますが、やはりコミュニケーションが最も重要です。日本で暮らす外国人は不慣れな生活を強いられ、公私共に少なか

> **인터뷰**　인사 담당자에게 묻는다

　고 모두 협력한다는 팀 워크가 미덕이라고 생각합니다. 따라서 팀 워크뿐만 아니라 일본인이 중요하게 생각하고 있는 일을 진행하는데 있어서의 마음가짐을 이해하고 가능한 범위에서 실천하는 것이 바람직할 것입니다.
　개인적인 의견이기는 하지만 이러한 일본적인 마음가짐과 가치관은 일본인의 가정에서 자라고 일본 학교를 다니고, 일본 텔레비전을 본다는 성장 과정에서 자연스럽게 익히게 된 것이라고 생각합니다. 따라서 외국인이 처음부터 일본인과 같은 마음가짐을 가질 수는 없다고 생각합니다. 오히려 일본에서의 다양한 체험을 통해 자국의 문화와 가치관과의 차이를 인식하고 서서히 맞추어가는 것이 현실적일 것입니다.
　그러기 위해서는 「이게 뭐지?」라고 생각되는 사건이 있어도(논리적이지 않는 범위 내에서) 한 번은 모두 받아 들여 보고 「일본인은 어째서 그렇게 행동하는(말을 하는) 것일까?」라는 것을 긍정적으로 생각해 보았으면 합니다. 일본인에게 직접적으로 물어도 확실한 대답을 들을 수 없을 지도 모릅니다. 많은 사람들과 의견을 교환하거나 책을 읽고, 역사를 공부하는 동안에 자기 나름대로의 답을 찾을 수 있을 것입니다.
　동시에 일본밖에 모르는 일본인에 대해서는 자국에 대해 좀더 다양한 것을 가르쳐 주었으면 합니다. 저희 일본인도 세계에는 다양한 문화와 가치관이 존재한다는 것을 인식하고 그것들을 좀더 존중할 줄 알아야 한다고 생각합니다. 글로벌화가 요구되는 앞으로의 사회에서는 섬나라에서 자란 일본인은 세계의 경향을 따라가지 못하고 고립되어 버릴 가능성도 있으니까 말입니다.

Q　자신의 경험을 살펴보고 외국인 사원과 함께 일하는 데 있어서 필요한 것은 무엇이라고 생각하십니까?

A　앞 질문의 대답과 중복되는데 역시 커뮤니케이션이 가장 중요합니다. 일본에서 생활하는 외국인은 익숙하지 못한 생활을 강요받게 되고 공과 사, 두 가

インタビュー　　人事担当者に聞く

らずフラストレーションを感じているはずです。言葉が通じなかったり、考え方が異なるからといって、異質なものとして放っておくのではなく、彼らが職場で孤立しないよう、周囲の人たちが意識的に情報共有を心がけるべきです。外国の方といえども、同じ職場の仲間であり、共通の目標に向かって働いているパートナーです。まずは相手を信頼し、分かり合えるようにコミュニケーションし続ければ、彼らも日本の文化・価値観を次第に理解し、お互い歩み寄れるのでないでしょうか。

Q 最後に、日本語を使って仕事をしたいと希望している韓国の読者にメッセージをお願いします。

A　海外の多くの人から見れば、日本は特異な国だと思います。島国で育(はぐく)まれた独特な言語と価値観を持ち、小さい国土に非常にたくさんの人間がひしめきあっています。そんな日本に関心を持ち、そこで働こうというチャレンジ精神をお持ちの皆さんには率直に敬意を示したいと思います。正直申しまして、外国人である皆さんが日本の会社に溶け込んで、日本人と同じように働くことは容易ではないと思います。残念ながら日本も日本人も、海外の皆さんを上手に迎え入れる準備がまだまだできていないからです。

　しかしながら、これからのグローバル社会においては私たち日本人も、もっと変わらなければいけません。多くの外国人の皆さんが日本で働くことによって、私たちも大いなる刺激を受け、成長していくことができると信じています。また皆さんの母国である韓国にも、たくさんの日本企業が進出しています。私の会社も韓国に複数の工場と事務所を構えており、多くの韓国人社員の方々に活躍していただいております。そういった日本企業の韓国拠点でも、日本語を使える人材が求められています。日本の本社と頻繁にやり取りが必要だからです。従いまして、「日本語を使って働く＝日本で働く」と考えるだけではなく、韓国にいな

> **인터뷰**   인사 담당자에게 묻는다

지 면에서 어느 정도는 욕구불만을 느낄 것입니다. 말이 통하지 않거나, 사고방식이 다르기 때문에 이질감이 느껴진다고 내버려 두는 것이 아니라 그들이 직장에서 고립되지 않도록 주위 사람들이 정보 공유를 하는데 의식적으로 노력해야 하는 것입니다. 외국인이라고 해도 같은 직장에서 일하는 동료이며 공통 목표를 향해 일하는 파트너입니다. 우선 상대를 신뢰하고 서로 이해할 수 있도록 커뮤니케이션을 계속한다면 그들도 일본의 문화와 가치관을 점점 더 이해할 수 있게 되고 서로 발전할 수 있지 않겠습니까?

Q 마지막으로 일본어를 사용하여 일을 하고 싶어하는 한국 독자에게 한 말씀 부탁드립니다.

A 외국의 많은 사람들이 일본은 특이한 나라라고 생각합니다. 섬나라 특유의 독특한 언어와 가치관을 가지고 작은 국토에 매우 많은 사람들이 부대끼면서 살고 있습니다. 그런 일본에 관심을 가지고, 일본에서 일해 보고자 하는 도전 정신을 가진 여러분에게는 경의를 표하고 싶습니다. 솔직히 외국인인 여러분이 일본 회사에 녹아 들어 일본인과 똑같이 일한다는 것은 결코 쉽지는 않을 것입니다. 아쉽지만 일본도 일본인도, 외국인을 제대로 받아들일 준비가 아직 되어 있지 않기 때문입니다.

   그렇지만 지금부터 시작될 글로벌 사회에서는 저희 일본인도 좀더 변해야만 합니다. 많은 외국인 여러분이 일본에서 일하게 됨으로써 일본인도 큰 자극을 받아 성장할 수 있다고 믿고 있습니다. 또 여러분의 모국인 한국에도 많은 일본 기업이 진출하고 있습니다. 저희 회사도 한국에 여러 공장과 사무소를 갖추고 있고 많은 한국인 사원이 활약하고 있습니다.
그런 일본 기업의 한국 거점에도 일본어를 사용하는 인재가 필요합니다. 일본의 본사와 빈번한 교류가 필요하기 때문입니다. 따라서 「일본어를 사용하면서 일한다＝일본에서 일한다」라는 생각뿐만 아니라 한국에서 있으면서 일본 기업에서 일하는 것도 한가지 선택지로서 생각하면 여러분의 일본어 능력을 발휘할 수 있는 가능성도 더욱 커질 것입니다. 이것을 기회로 삼아 일

🎤 **インタビュー　　人事担当者に聞く**

がら日本企業で働くことも一つの選択肢として考えていただけると、皆さんの日本語能力を発揮できる可能性も広がるのではないでしょうか。それをきっかけに、日本あるいは世界に羽ばたくというキャリアプランも悪くないと思います。

いつの日か、皆さんと一緒に仕事をし、交流を深められる日が来ることを楽しみにしています。これからも日本と日本人のことをもっともっと好きになってくれたら嬉しいです。

インタビューを通じて、今、日本企業がどのような人材を求めているのかが明らかになってきたと思います。また、読者のみなさんが日本人や他の外国人とともに仕事をする時の心構えについても大いに参考になる点があったのではないでしょうか。本日はお忙しいなか、貴重なお話をお聞かせいただきありがとうございました。

> **인터뷰** 인사 담당자에게 묻는다

본 또는 세계로 도약하는 것도 좋을 것입니다.
언젠가 여러분과 함께 일을 하고 교류를 더욱 깊이 할 수 있는 날을 기대하고 있겠습니다. 지금부터라도 일본과 일본인에 대해 더욱 호감을 가져 주신다면 기쁘겠습니다.

인터뷰를 통해 지금 일본 기업이 어떤 인재를 필요로 하고 있는지가 분명해졌다고 생각합니다. 또 독자 여러분이 일본인이나 다른 외국인과 함께 일을 할 때의 마음가짐에 대해서도 참고가 될 만한 점이 많았을 것입니다.
바쁘신 와중에 귀중한 이야기를 들려주셔서 감사합니다.

🎙 インタビュー　日本人の目から見る韓国のビジネス

〜韓・日ビジネスの最前線〜

韓国の総合商社等で勤務経験があり、現在はビジネスで韓国と日本を頻繁に行き来している平岡史年(ひらおかふみとし)さんに日本人の目から見た韓・日ビジネスの相違点についてお話しを伺います。

1. 所属
　世和機械株式会社　日本支社　名古屋事務所　課長
2. 会社の業務内容
　タイヤモールド(タイヤ成形用金型)を専門に製造している韓国・世和機械の製品を日本市場で販売している。

平岡史年

Q　平岡さんは現在は日本にお住まいですが、お仕事で韓国に出張されることも多いのですか？

A　ええ、月に1〜2回は韓国への出張があります。

Q　相変わらずお忙しそうですね。平岡さんは韓国の生活経験もおありで、また韓国語も堪能でいらっしゃいます。本日は、ご自身の韓国企業勤務を通じて経験された韓国と日本のビジネス事情の違いについてお話しをお伺いしていきます。まず、これまで、韓国の方々と御一緒に仕事をしてきて、職場の雰囲気などはどのようにお感じになりましたか。

A　　私が韓国のみなさんと一緒に仕事していて日本人ととても違うと感じたことは、食事・お酒や家族に対する想いです。日本ではものすごく忙しい時、昼食を食べないでそのまま仕事を続けるサラリーマンが多いので、私も韓国で勤務していた時に、昼食を食べないでずっと韓国人の社員さんたちと仕事をしていたことがありました。そうしたら、社員のみなさんにものすごく怒られました。私としては、仕事が忙しいときは1

인터뷰　일본인의 눈으로 본 한국의 비즈니스

~한・일 비즈니스의 최전선~

한국의 종합 상사 등에서 근무 경험이 있고 현재 사업상 한국과 일본을 빈번하게 왕래하고 있는 히라오카 후미토시(平岡史年)씨에게 일본인의 눈으로 본 한・일 비즈니스의 차이에 대해 이야기를 들어보았습니다.

1. 소속
   世和 기계 주식 회사 일본 지사 나고야 사무소 과장

2. 회사의 업무 내용
   타이어 몰드(타이어 성형용 금형)를 전문으로 제조하고 있는 한국・世和기계의 제품을 일본 시장에서 판매하고 있다.

Q 히라오카 씨는 현재 일본에서 거주하고 계시는데 사업상 한국에 출장도 많이 가십니까?

A 예. 한 달에 한두 번 정도는 한국으로 출장을 갑니다.

Q 여전히 바쁘시군요. 히라오카 씨는 한국에서 생활하신 경험도 있고 또 한국어도 상당히 잘 하신다고 들었습니다. 오늘은 자신의 한국 기업 근무를 통해 경험한 한국과 일본의 비즈니스 사정의 차이에 대해 이야기를 들어보고 싶습니다. 우선 지금까지 한국의 많은 사람과 함께 일을 하시면서 직장의 분위기는 어떻게 느끼셨습니까?

A 제가 한국 사람들과 함께 일을 하면서 일본인과는 매우 다르다고 느꼈던 것은 식사와 술자리, 가족에 대한 것입니다. 일본에서는 굉장히 바쁠 때 점심 식사를 하지 않고 그대로 계속 일하는 샐러리맨이 많아서 저도 한국에서 일할 때, 점심 식사를 하지 않고 계속 한국 사원들과 일을 한 적이 있었습니다. 그랬더니 사원 여러분들이 굉장히 화를 내더군요. 저로서는 일이 바쁠 때에는 12시에 점심을 먹지 않아도, 오후 2시나 3시에 먹으면 된다는 식으로 생

🎙 **インタビュー**　　日本人の目から見る韓国のビジネス

2時にお昼を食べなくても、午後2時や3時になってから食べてもいいのにと思いましたが、昼食をしないで仕事ができるかと怒られてしまいました。

Q そうですか。韓国では割と食事の時間は決まっていて、それが「밥 먹었어요?（ご飯食べましたか。）」のように挨拶の言葉にもなっていますが、そういえば、日本語にはこのような表現はあまり挨拶として使いませんね。お酒についてはいかがですか。

A　お酒については言うまでもなく、日本と比べてかなり席の数も多く、飲む量も多いと感じました。日本では次の日の仕事に支障がない程度にしかお酒を飲んではいけないのに対し、韓国ではひとまず翌朝の出勤時間までに出勤して、勤務時間中にしばらく席をはずしてることも時々あるようですね（昼間にサウナへ行くと二日酔い気味のサラリーマンがいるのがよく理解できました）。日本では前の日にたくさん飲んでも勤務時間中にサウナに行くというのはなかなか難しいことです。それに、日本には韓国ほどたくさんのサウナはないです。ある時、個人的に友達が韓国に遊びに来るということで、前もって会社に休みをとっておいたのですが、久しぶりに会った友達ということでかなり飲み過ぎてしまいました。そこで、酔いを覚ますために、次の日の昼間、友達とサウナに行ったら、なんとそこでうちの会社の社員を見かけたこともありました。休み明けに出勤してその社員に聞いてみたら、やっぱり勤務中にこっそりサウナで酔いを醒ましていたということでした。

> **인터뷰** 일본인의 눈으로 본 한국의 비즈니스

각했었는데 점심도 먹지 않고 일을 할 수 없다고 화를 내더군요.

Q 그런 일이 있었습니까? 한국에서는 거의 식사 시간이 정해져 있어서 그것이 「밥 먹었어요?(ご飯食べましたか。)」와 같이 인사말 중의 하나를 차지하고 있는데, 그러고 보니 일본어에서는 그런 표현이 인사로서는 사용되지 않네요. 술자리는 어땠습니까?

A 술자리에 대해서는 말할 것도 없고 일본과 비교해 횟수도 많고, 술을 마시는 양도 많은 것 같습니다. 일본에서는 다음날 일에 지장이 없을 정도로만 술을 마시지 않는 것에 비해 한국에서는 우선 다음날 출근 시간까지는 출근하고, 근무 시간 중에는 잠깐 자리를 벗어나는 경우도 종종 있는 것 같습니다 (낮에 사우나에 가면, 술이 채 깨지 않은 샐러리맨이 있는 것을 이해할 수 있었습니다). 일본에서는 전날에 많이 마셔도 근무 시간 중에 사우나에 가는 일은 거의 없습니다. 그리고 일본에는 한국만큼 사우나가 많지도 않습니다. 어느 날, 개인적으로 친구가 한국에 놀러 온다고 해서 미리 회사에 휴가를 냈는데 오래간 만에 만난 친구라 좀 과음을 하게 됐습니다.
그래서 술이 채 깨지 않아서 다음 날 점심 시간에 친구와 사우나에 갔더니 거기에서 회사 사원을 만난 적도 있었습니다. 휴가가 끝난 뒤에 출근하여 그 사원에게 물어 보았더니 역시 근무 중에 몰래 사우나에서 술을 깨기 위해 있었다고 합니다.

インタビュー　日本人の目から見る韓国のビジネス

Q はははは（笑）。お酒を飲む人なら誰でも二日酔いの苦しさは理解できます。二日酔いでは仕事になりませんから、会社としても早くサウナで頭をすっきりさせて仕事をさせた方がいいと思っているということなのでしょうか。他にはいかがですか。

A 家族への想いというのもたいへん強いものがあると知りました。同僚たちが今日はチェサ（祭祀）があるから少し早く帰りますというのもびっくりしましたが、何よりびっくりしたのが子供の大学受験の時のことです。日本の大学センター試験に相当する修能試験の前日に、ある社員が「明日午前中遅刻するけどいいか？」と聞いてきたので、私が「明日は忙しいから困る」と答えたら、「明日は自分の娘の修能試験だから遅刻を認めてほしい」と言われました。私はその話を聞いて初め耳を疑いました。娘の修能試験と会社に遅刻することと一体何の関係があるのかと腹が立ち、そんなことが理由になるのかと抗議しました。しかし、周りの韓国の社員さんの話を聞いたら、韓国では自分の子供が大学受験の時には受験会場まで送ってあげることは一般的だと聞き、たいへんびっくりしました。日本では、自分の子供の大学受験日も知らない父親がいるというのに（私の父も知りませんでした）、韓国は本当に家族想いだなと感心した覚えがあります。

Q 私も同感です。韓国は日本よりも家族の絆（きずな）が強い感じがします。韓国の家族関係については、最近の韓流ブームで紹介される韓国のテレビドラマ等を通じて日本人にも徐々に伝わり始めてきたかもしれません。それでは、いよいよビジネスについてお伺いしますが、韓国と日本のビジネスには進め方の違いがありますか。

A 日本人から見ると、韓国のビジネスの動きはものすごく速く感じられます。それは逆に言うと日本のビジネスはとても時間がかかるというこ

인터뷰　일본인의 눈으로 본 한국의 비즈니스

Q 하하하하. 술을 마시는 사람이라면 누구나 다음날 숙취로 괴로운 것은 이해가 됩니다. 숙취가 이어지면 일을 할 수가 없으니까 회사에서도 빨리 사우나에서 정신을 차리고 일하는 편이 낫다고 생각하는 것이겠죠.
다른 것은 어떻습니까?

A 가족을 향한 마음도 굉장히 강하다는 것을 알게 되었습니다. 동료들이 오늘은 제사가 있어서 조금 빨리 퇴근한다는 말을 들었을 때도 깜짝 놀랐는데, 가장 놀랐던 것은 자녀의 대학 수험 때입니다. 일본의 대학 센터 시험에 상당하는 수학능력시험 전날에 한 사원이 「내일 조금 늦게 출근해도 됩니까?」라고 물어서 제가 「내일은 바쁜 날이라서 조금 곤란하다」고 대답했더니 「내일은 딸이 수능을 보는 날이라 좀 이해해 주었으면 좋겠다」라고 말했습니다. 저는 그 말을 듣고, 처음에는 제 귀를 의심했습니다. 딸의 수능과 회사에 늦게 오는 것이 대체 어떤 관계가 있다고 그러는지 우선은 화가 났고, 그런 것이 이유가 되느냐고 항의했습니다. 그러나 주위 한국 사원들의 이야기를 듣자니, 한국에서는 자녀가 대학 시험을 볼 때에는 시험장까지 바래다 주는 것이 일반적이라고 해서 놀랐습니다. 일본에서는 자녀의 대학 시험날도 모르는 아버지가 있는데(저도 몰랐습니다), 한국은 정말 가족애가 깊다고 생각하여 감탄한 적이 있었습니다.

Q 저도 동감합니다. 한국은 일본보다도 가족간의 정이 더욱 강한 것 같습니다. 한국 가족 관계에 대해서는, 최근 한류 붐으로 소개되는 한국 드라마를 통해 일본인에게도 서서히 전해지기 시작했을지도 모릅니다. 그러면 이제 비즈니스에 대해 여쭙고 싶습니다만, 한국과 일본의 비즈니스의 진행 방법에 차이가 있습니까?

A 일본인의 입장에서 봤을 때 한국 비즈니스의 움직임은 굉장히 빠르다는 느낌이 듭니다. 거꾸로 말하면 일본의 비즈니스는 시간이 많이 걸린다는 뜻입

🎤 **インタビュー　　日本人の目から見る韓国のビジネス**

とです。もちろん業界によっても違いますが、日本ではひとつの部品を他社の物に交換する時も、様々な検討会議、検査が必要であるので、1～2年かかるのも珍しくありません。それに対して韓国のビジネスは非常にスピードが速く、これは会社にとって利益があると考えたら、その後の動きはかなりスピーディーであると思います。もちろんどちらにも一長一短はあるのですが、決断力の早さ、機動力の点で言えば韓国のビジネスモデルの方が長所が多く、慎重さ、確実さの面から言えば日本のビジネスモデルの方が長所が多いのではないかと思います。短所としては、ここにビジネスチャンスがあるのに決断が遅くてビジネスをつかめないのが日本だとすると、決断が早過ぎて慎重な検討ができず後から失敗してしまうのが韓国だと言えるでしょう。

Q　なるほど。韓国と日本のビジネスの進め方にそれほど大きな違いがあるとすると、韓国のビジネスモデルをそのまま日本に持ち込むとやはり問題が出てくるでしょうか。

A　　はい。ビジネスの進め方のスピードの違いから問題が出てくると思います。韓国の皆さんは一般的に我々よりはせっかちな方が多いと思います。ですから、例えば日本の企業に販売する時に、見積書を出して価格が合ったとなればすぐに取引が始まると考えてしまい、いつからオーダーをもらえるのかという話になります。しかし、日本の企業は価格が合ったとしてもすぐにオーダーをすることは稀です。これまでの既存の取引先との関係を検討し、何度となくサンプルテストをした後に、初めて取引が始まります。ですから、話が出てから実際の取引が始まるまで1～2年かかることは当たり前の話なのですが、韓国ではそれを待てない方が非常に多いと思います。例えば日本の企業が検討が終わったら連絡をするから待ってほしいと言った時、時々様子をうかがうために連絡を入れるのはいいのですが、いわゆる「빨리빨리(早く早く)」ということ

인터뷰 　일본인의 눈으로 본 한국의 비즈니스

니다. 물론 업계에 따라서도 차이가 있는데 일본에서는 한 부품을 타사의 것과 교환할 때에는 여러 가지 검토 회의, 검사가 필요해서 1~2년 정도 걸리는 경우도 그리 드문 일이 아닙니다.

　그에 반해 한국의 비즈니스는 그 속도가 매우 빠른데, [이것은 회사에 있어서 이익이 있다]고 생각하면 그 후의 움직임은 상당히 빠르다고 생각합니다. 물론 둘 다 장점과 단점은 있겠지만 빠른 결단력, 기동력의 면에서 본다면 한국의 비즈니스 방식에 장점이 많고, 신중함, 확실함의 면에서 보면 일본의 비즈니스 방식에 장점이 많은 것 같습니다.

단점은, 여기에 비즈니스 기회가 있는데 결정이 늦어서 비즈니스를 성사시킬 수 없는 것이 일본이라면, 결정이 너무 빨라서 신중한 검토를 하지 못하여 나중에 실패할 수도 있는 것이 한국의 방식이라고 말할 수 있을 것입니다.

Q 　그렇군요. 한국과 일본의 비즈니스의 진행 방법에 그렇게 큰 차이가 있다고 하면 한국의 비즈니스 방식을 그대로 일본에 도입하면 역시 문제가 생기겠지요?

A 　그렇습니다. 비즈니스의 진행 방식 속도의 차이에서 문제가 생기겠지요. 한국사람들은 일반적으로 우리 일본인보다 좀더 서두르는 사람이 많은 것 같습니다. 그렇기 때문에, 예를 들면 일본 기업에 판매할 때에 견적서를 보여주고 가격이 맞으면 바로 거래가 시작된다고 생각해서 언제부터 오더를 받을 수 있는가에 대한 이야기를 하기 시작합니다. 그렇지만 일본 기업은 가격이 맞았다고 바로 오더를 내리는 경우는 매우 드뭅니다.

기존의 거래처와의 관계를 검토하고, 샘플 테스트를 여러 번 한 후에 비로소 거래가 시작됩니다. 그래서 이야기가 나오고 나서 실제 거래가 시작될 때까지 1~2년이 걸리는 것은 당연한 이야기인데, 한국에서는 그것을 기다리지 못하는 경우가 매우 많다고 생각합니다. 예를 들면 일본 기업이 검토가 끝나고 나서 연락을 하겠으니 기다려 달라고 했을 때 가끔 진행 상황을 살피기 위해 연락을 취하는 것은 좋지만, 소위 「빨리빨리(早く早く)」라는 식으로 너

インタビュー　　日本人の目から見る韓国のビジネス

であまりにもしつこく連絡をする方も多く、そういう方には日本の担当者が嫌悪感を示す場合が多いですね。

　また、私の印象では、韓国の男性は非常に男らしく、自信に満ち溢れていると思います。自信満々で堂々と商談をするのは非常にいいことですが、あまり度が過ぎると謙遜を好む日本の社会では少し受け入れるのが難しいようです。私が以前いた会社で、韓国からいらした出張者と一緒に日本の会社を訪問したときのことです。その方は訪問先で「私はこんなことができる」と豪語して帰ったのですが、結局そのうちのいくつかができなかったため、日本のお客さんに苦笑されてしまいました。また、納期なども、韓国では"早くて"この日に納品できるという日を納期としてお客様に伝えるようですが、日本では"遅くても"この日には"確実に納品できる"という日をお客様に伝えます。日本では、実際に納品が可能な日よりも少し余裕を見てお客様に連絡することが一般的ですので、もし、口にした納期日を守ることができないということになると、信頼を大きく失うことになってしまいます。

Q　興味深い指摘です。日本人のビジネス上の約束というのはかなり強い拘束力があるようですね。それでは、反対に韓国のビジネスモデルで日本でも取り入れた方がいいと思うものはありますか。

A　　私が一番感じることは、先ほどからお話している仕事のスピードの速さです。日本人はあまりにも慎重に仕事を進めるため、大きなビジネスチャンスがある時に他の国より遅れて始めることが多いということです。最近は、中国やインドなどに進出している企業が非常に多いですが、日本企業に比べ韓国企業の方が進出が早く、先に市場を奪われているような気がします。また、半導体を初めとした電子製品でも、韓国企業の投資の早さには驚かされます。日本にもこのような決断力のスピードが求められていると思います。

> 인터뷰   일본인의 눈으로 본 한국의 비즈니스

무 많이 연락을 하는 경우가 많아, 그런 경우에는 일본 담당자가 혐오감을 드러내는 일도 많습니다.

또, 제가 가진 인상으로는 한국 남성은 매우 남자답고 자신에 차 있다고 생각합니다. 자신만만하고 당당하게 상담을 하는 것은 매우 좋지만, 너무 도가 지나치면 겸손을 미덕으로 생각하는 일본 사회에서는 조금 받아들이기 어려운 경우가 있습니다. 제가 이전에 있었던 회사에서 한국에서 출장으로 일본에 온 사람과 함께 일본 회사를 방문했을 때의 일입니다. 그 사람은 방문한 곳에서「나는 이런 일을 할 수 있다」라고 호언장담하고 귀국했는데 결국 그 중 몇 가지를 할 수 없었기 때문에 일본 고객들이 쓴 웃음을 지은 적도 있었습니다.

또 납기 같은 것도 한국에서는 "빠르면" 이 날에 납품할 수 있다는 날을 고객에게 말하는데, 일본에서는 "늦어도" 이 날에는 "확실하게 납품할 수 있다" 는 날을 고객에게 말합니다. 일본에서는 실제로 납품이 가능한 날에서 조금 여유를 두고 고객에게 연락하는 것이 일반적이기 때문에 만약 약속한 납기일을 지킬 수 없게 되면 크게 신뢰를 잃게 됩니다.

Q 흥미로운 지적입니다. 일본인의 비즈니스 상의 약속이라는 것은 상당히 강한 구속력이 있는 것 같군요. 그러면 반대로 한국의 비즈니스 방식 중에서 일본에서도 받아들이는 것이 좋다고 생각되는 것이 있습니까?

A 제가 가장 많이 느끼는 것은 앞에서도 말씀 드린, 일의 속도입니다. 일본인은 너무 신중을 기하며 일을 하기 때문에 큰 비즈니스 기회가 있을 때 다른 나라보다 늦게 시작하는 경우가 많다는 것입니다. 최근에는 중국과 인도에 진출해 있는 기업이 매우 많은데 일본 기업에 비해 한국 기업 쪽이 진출 시기가 빨라 시장을 먼저 빼앗기고 있다는 기분이 듭니다. 또 반도체를 비롯한 전자제품에서도 한국 기업의 빠른 투자에는 정말 놀랄 따름입니다. 일본에도 이런 빠른 결단력이 필요하다고 생각합니다.

インタビュー　　日本人の目から見る韓国のビジネス

Q　それでは、次に今までのお話も踏まえて、韓・日ビジネスを行うためにはどんなスキルが必要になると思われますか。まず、日本語についてお伺いします。

A　日本語と一口に言いますが、教科書で勉強した日本語だけで実際の仕事をするのはなかなか難しいと思います。最近は日本語化した外国語が非常に多く、日本語式の表記となっているため、外国の方はカタカナを見てもなかなか理解できないと思います。最近はインターネットという便利なものがあるので、普段から日本のニュースや経済に関する情報を見て、勉強しておく方がいいと思います。

Q　日本語以外についてはいかがですか。

A　日本語だけができるからといって仕事ができるわけではありません。日本人と韓国人の間で通訳、翻訳をする機会は多いと思いますが、言葉をそのまま変換して通訳・翻訳しても絶対意味は通じません。やはりその仕事をきちっと理解した上で通訳・翻訳をしなければならないと思います。仕事で使う専門的な単語などは、その仕事をしっかりと理解していないとどんな意味だかわかりません。普段からの業務の理解度が重要になると思います。

Q　この本の読者は「将来日本語を使って仕事をしたい」と思っています。最後にみなさんにアドバイスをお願いします。

A　まず、日本語を勉強してくださり、そして、日本語を使って日本と仕事をしたいと思ってくださっていることに対して、日本人として非常に

인터뷰　　일본인의 눈으로 본 한국의 비즈니스

Q　그러면 지금까지 말씀하신 것도 포함하여 한·일 비즈니스를 진행시키기 위해서는 어떤 기술이 필요하다고 생각하십니까? 우선 일본어에 대해 말씀해 주십시오.

A　일본어라고 한마디로 말하지만 교과서에서 공부한 일본어만으로 실제 일을 하기는 좀처럼 어려울 것입니다. 최근에는 일본어화된 외국어가 매우 많아서 일본어식으로 표기하고 있기 때문에 외국인은 가타카나를 봐도 이해하기는 어려울 것입니다. 최근에는 인터넷이라는 편리한 매체가 있어서 평상시에도 일본의 뉴스와 경제에 관한 정보를 보고 공부해 두는 사람이 많으리라 생각됩니다.

Q　일본어 이외의 부분에 대해서는 어떻습니까?

A　일본어만 할 수 있다고 해서 일을 잘 할 수 있는 것은 아닙니다. 일본인과 한국인 사이에서 통역과 번역을 할 기회는 많겠지만, 말을 그대로 바꾸어 통·번역하면 절대로 의미는 통하지 않습니다. 역시 그 일을 제대로 이해하고 나서 통역과 번역을 해야 하는 것입니다. 일에서 사용하는 전문적인 단어같은 것은 그 일을 제대로 이해하지 않으면 어떤 의미인지 잘 알 수가 없습니다. 평상시의 업무 이해도가 중요해질 것입니다.

Q　이 책의 독자는 「앞으로 일본어를 사용하면서 일하고 싶다」라고 생각하고 있습니다. 마지막으로 독자 여러분에게 조언 한 말씀 부탁드립니다.

A　우선 일본어를 공부하고, 일본어를 사용하여 일본과 일을 하고 싶다고 생각하고 있다는 점에 대해 일본인으로서 매우 기쁘게 생각합니다. 일본과 한

🎤 **インタビュー**　　日本人の目から見る韓国のビジネス

　嬉しく思っております。日本と韓国はお互いの顔も生活習慣も似ていることが多く同じ東洋の文化を有している国です。しかし、似ているところも多いですが、違うところも多いのです。皆さんが日本語を一生懸命勉強され、うまくなると、聞いてる日本人はつい、相手が韓国人ではなく日本人ではないかという錯覚を起こしてしまいます。そのような場合、日本語の微妙な使い方の違いで相手を勘違いさせてしまう場合が多々あります。日本語が下手であれば相手の日本人も外国人だからと理解しますが、日本語がうまくなればなるほど相手の日本人は言葉そのままで受け取ります。

　また、日本人は気分を害してもその人の前で怒った表情を見せることはあまりありません。上司やお客様を連れて商談をした時にいい結果で終わったと考えても、実際はあまりいい結果じゃなかったなんて時もありますので、言葉だけでなく、日本人の性格にも慣れていかれるときっと役に立つと思います。

韓・日ビジネスを行ううえで知っておきたい興味深いお話しをたくさん伺いました。本日は、お忙しいところ本当にありがとうございました。

> **인터뷰**　일본인의 눈으로 본 한국의 비즈니스

국은 서로 얼굴과 생활 습관에서 비슷한 점이 많고, 같은 동양 문화를 공유하고 있는 나라입니다. 그러나, 비슷한 부분도 많지만 다른 부분도 많습니다. 여러분이 일본어를 열심히 공부하고, 잘 하게 되면 듣고 있는 일본인은 그만, 상대가 한국인이 아니라 일본인이라는 착각을 하게 됩니다. 그런 경우 일본어의 미묘한 사용방법의 차이로 상대가 오해하게 되는 경우가 많습니다. 일본어를 잘 못하면 상대 일본인도 [외국인이니까]라고 이해하지만 일본어를 잘 하면 잘 할수록 상대 일본인은 말 그대로를 받아들입니다.

또, 일본인은 기분이 상해도 그 사람 앞에서 화를 내거나 표정으로 기분을 드러내는 일은 거의 없습니다. 상사나 고객과 함께 상담을 했을 때에 좋은 결과로 끝났다고 생각해도 사실 그렇게 좋은 결과가 아닌 경우도 있기 때문에 말뿐만이 아니라 일본인의 성격을 잘 생각해 본다면 반드시 도움이 될 것입니다.

한・일 비즈니스를 진행하는 데 알아두어야 할 흥미로운 말씀을 많이 듣게 되었습니다. 바쁘신 와중에 인터뷰에 응해 주셔서 정말 감사드립니다.

FAXの送り方
FAX를 보내는 방법

《FAX送信票　見本》−Ａ４サイズ

FAX送信票

送信日　20**年*月*日　❶

韓国JNPアート株式会社　❷
　　　人事部
　　　佐々木様

送信者　　宋　慶一（ソン・キョンイル）
○X大学芸術学部美術学科4年
自宅住所　Seoul市江南区○○洞○−○
電話　02−○○○−○○○　FAX　同
携帯電話　○○○−○○○−○○○
Eメール　○○○@○○○mail.com　❸

貴社におかれましてはますますご清祥のこととお喜び申し上げます。❹
先ほど佐々木様より電話にてご指示いただきました通り、履歴書をFAXにて送信いたしますので、よろしくご査収のほどお願い申し上げます。❺
送信する書類はこの送信票を含め、合計2枚でございます。❻

以　　上

Column

 구직 활동에는 회사 앞으로 우편 • 이메일 • FAX 등을 이용하여 서류를 보내는 경우가 있습니다.
이력서와 같은 경우는 등기로 보내거나 직접 지참하는 경우가 많은데, 회사 쪽이 서두르고 있는 경우에는 '우선 FAX로 이력서만이라도 보내 주십시오' 라는 요구를 받는 경우도 있습니다.
그런 때에 이력서만 달랑 FAX로 보내면 안 됩니다. 반드시 FAX 송신표를 붙여서 보냅니다.
또 보낸 이력서의 원본은 반드시 이후에 우편으로 보내든지, 면접을 볼 때 제출하도록 합니다. FAX로 보냈어도 정식으로 제출한 것은 아니기 때문입니다.
손으로 직접 쓰는 것도 좋지만 워드로 작성하여 보관해 두면 다른 기회에 또 사용할 수 있습니다.

CHECK!
❶ → 송신날짜를 기입
❷ → 수신처는 회사명 • 부서명 • 담당자를 정확하게!
❸ → 이름과 소속 • 연락처를 잊지 말 것!
❹ → 인사문으로 시작한다.
〈인사문의 다른 예〉
・貴社ますますご健勝のこととお慶び申し上げます。
・このたびはお世話になっております。
❺ → 「よろしくご査収のほどお願い申し上げます」는 정해진 문구이므로 이번 기회에 외어 두자!
❻ → FAX로 합계 몇 장을 보내는지를 반드시 쓸 것!

インタビュー　就職成功者に聞く 1

〜就職成功者に聞く 1〜

大学時代日本に 1 年留学。JLPT（日本語能力試験）1 級合格。
大学での専攻は経営学。

1. 所属
   （株）AMS　R&D部（research & development）
2. 会社の業務内容
   自動車のランプ類の製造。
   サムソン自動車のランプの製造シェアは100％。
   日本の日産自動車等大手企業に部品を納入。

金在植（김재식）

Q　現在の仕事ではどのような場面で日本語を使っていますか。

A　会社では原価部門に所属しています。主な仕事は、日本の取引先からの問い合わせに対して見積もりを出すことですが、注文を受けた際には、日本語から韓国語に翻訳するなど受注内容を整理して設計部門や開発部門に知らせる仕事もしています。また、先日工場の工程の一部を変更することになったのですが、変更点について日本語で書類を作成した後、日本に取引先に出張して説明してきました。

Q　そうですか。仕事でたくさん日本語を使っているようですね。日本語でわからない言葉が出てくることはありませんか。

A　はい、あります。日本からの書類には部品に関する専門用語がよく出てくるのですが、最初のうちは意味がよくわかりませんでした。例えば、日本で金型を扱う人はよく「ブツ」という言葉を使うのですが、インターネットや辞書で調べても「殴る」という意味しか載っていないので、とても驚きました。しばらくして「ブツ」というのは、ほこりの一種で1mmぐらいの塵のことをいうのだと知りました。「ポカヨケ」という言葉も

인터뷰 취직 성공자에게 묻는다 1

~취직 성공자에게 묻는다 1~

대학 재학 중에 일본에 1년 동안 어학연수.
JLPT(일본어능력시험) 1급 합격. 대학에서 경영학 전공.

1. 소속
   (주) 에이엠에스 R&D부(research & development)

2. 회사의 업무 내용
   자동차 램프류 제조. 삼성 자동차의 램프 제조 점유율은 100%.
   일본 닛산자동차 등의 대기업으로 부품 납품.

Q 현재 하고 있는 일에서 어떤 경우에 일본어를 사용하게 됩니까?

A 회사에서는 원가 부문에 소속되어 있습니다. 주된 업무는 일본의 거래처에서 문의가 들어오면 견적을 계산하는 일인데 주문을 받을 때에는 일본어를 한국어로 번역하는 등 수주 내용을 정리하여 설계 부문과 개발 부문에 알리는 일도 하고 있습니다. 또 이번에 공장 공정의 일부분을 변경하게 되었는데, 일본의 거래처로 출장을 가서 그 공정의 변경 사항에 대해 설명을 하고 왔습니다.

Q 그렇군요. 비교적 일본어를 많이 사용하고 계시는군요. 일본어를 사용하며 일을 할 경우에 모르는 단어를 접하게 되는 일은 없습니까?

A 물론 있습니다. 일본에서 온 서류에서 부품에 관한 전문 용어를 자주 볼 수 있는데 처음에는 뜻을 알 수 없어 좀 헤맨 적도 있었습니다. 예를 들면 일본에서는 금형을 다루는 사람을 일컬어 흔히 「ブツ」라는 말을 사용하는데 인터넷과 사전에서 찾아봐도 「殴る(치다, 때리다)」라는 의미밖에 나오지 않아서 상당히 놀랐습니다. 한참 후에 「ブツ」라는 말은 먼지의 일종으로 1mm정도의 티끌을 말한다는 것을 알게 되었습니다. 「ポカヨケ」라는 말도 처음에

> インタビュー　　就職成功者に聞く1

最初はまったくわかりませんでしたが、これは(fool proofing)の略語です。

Q　へえ、おもしろいですね。専門用語というのはその世界にいる人にとっては常識でも、それ以外の人にはまったく分からないものなのですね。日本人でも「ブツ」や「ポカヨケ」を知っているのは、その世界の人だけでしょう。私も知りませんでした。ところで、この会社を志望した理由は何ですか。

A　私は大学で経営学を専攻したので、そうした知識を生かした仕事をしたいと考え、この会社を志望しました。また、福利厚生が充実している点にも惹かれました。

Q　就職活動の時、何社ぐらい応募しましたか。

A　50社です。先生から「100社ぐらい応募するつもりで頑張りなさい」と言われたので、なるべくたくさん応募した方がいいと思い、実践しました。

Q　そのとおりです。就職試験は落ちても全然恥ずかしくないので、入社したい会社があったらたくさん受けた方が絶対にいいです。さて、これからは今お勤めの会社の試験について質問します。まず、書類選考があったと思うのですが。

A　はい、最初に履歴書と自己紹介書と住民登録証を提出しました。会社から、履歴書と自己紹介書は韓国語と日本語の二種類を提出するように指示がありました。私はあらかじめ、自分のパソコンに韓国語・日本語・英語

> **인터뷰** 취직 성공자에게 묻는다 1

는 무슨 뜻인지 도통 알 수가 없었는데 이것은 (fool proofing)의 약어입니다.

Q 흥미롭군요. 전문 용어는 그 쪽 분야의 사람에게는 상식이라 해도 그 외의 사람들은 전혀 알 수 없는 단어들이군요. 일본인들이라 해도 「ブツ」나 「ポカヨケ」를 알고 있는 사람은 그 분야의 사람들 뿐일 것입니다. 저도 몰랐습니다. 그런데 이 회사를 지원하게 된 이유가 있습니까?

A 저는 대학에서 경영학을 공부했기 때문에 저의 전공을 살리는 일을 하고 싶어서 이 회사를 지원하게 되었습니다. 또, 복리후생의 정비가 잘 되어 있다는 점에도 끌렸습니다.

Q 구직을 할 때 얼마나 많은 회사에 이력서를 냈습니까?

A 50군데입니다. 교수님께 '100군데 정도의 회사에 이력서를 낸다는 각오를 해야 한다'는 말을 자주 들었기 때문에 가능한 한 많은 회사에 이력서를 내는 것이 좋다고 생각하여 그대로 실천했습니다.

Q 맞는 말입니다. 취직 시험에 떨어져도 부끄러운 것이 아니지요. 입사하고 싶은 회사가 있으면 가능한 한 많은 곳에 이력서를 내어 시험을 보는 것이 좋습니다. 그러면 지금부터 근무하고 계시는 회사의 시험에 대해 질문하겠습니다. 우선 서류 심사부터 말씀해 주십시오.

A 네, 처음에 이력서와 자기소개서, 주민등록증을 제출했습니다. 회사에서 이력서와 자기소개서는 한국어와 일본어 두 가지를 제출하라는 지시가 있었습니다. 저는 처음부터 제 컴퓨터에 한국어와 일본어, 그리고 영어로 이력서

インタビュー　　就職成功者に聞く 1

の履歴書と自己紹介書を用意しておいたので、慌てずにすみました。

Q　それは、準備がいいですね。日本では履歴書は手書きで書くのが基本ですが、韓国ではどうですか。

A　韓国では、ふつうパソコンで作ったものをプリントアウトして提出します。その方が、読みやすいからだと思います。

Q　そういうところも、韓国と日本では違いますね。それで、書類選考の後、筆記試験はありましたか。

A　いいえ、筆記試験はなく、面接試験がありました。最初はグループ面接で、ある日本の会社のパンフレットの日本語の部分を朗読させる試験と自社の英語パンフレットの内容を韓国語に翻訳する試験が行われました。次に、海外営業部の方と日本語で面接しました。以上が語学面接です。次に韓国語による役員面接が行われ、経歴についてや経営や原価計算の知識等について質問を受けました。

Q　合格の決め手は何だったと思いますか。

A　やはり、日本語だったと思います。それも、ただ日本語ができるというだけではなく、例えば、「パソコンの入力が日本語で上手にできるか」や「資料に書かれている日本語の記事を素早く理解できるか」といった実践的な力が必要だと感じました。

인터뷰　　취직 성공자에게 묻는다 1

와 자기소개서를 작성해 두었기 때문에 아무 문제 없이 제출할 수 있었습니다.

Q　준비성이 있으시군요. 일본에서는 이력서는 손으로 직접 쓰는 것이 원칙인데 한국은 어떻습니까?

A　한국에서는 일반적으로 컴퓨터로 작성한 것을 출력하여 제출합니다. 그렇게 하는 편이 읽기 쉽기 때문이라고 생각합니다.

Q　그런 점에서도 한국과 일본의 차이가 있군요. 서류 심사를 거친 후 필기 시험이 있었습니까?

A　아니요, 필기 시험은 없이 면접 시험이 있었습니다. 처음에는 그룹으로 면접을 봤는데 일본의 한 회사를 소개한 책자의 일본어 부분을 낭독하는 시험과 자사의 영어 소개 책자를 한국어로 번역하는 시험이 있었습니다. 그리고 해외 영업부 쪽 직원과 일본어로 면접을 봤습니다. 이상이 어학 면접입니다. 어학 면접 후에 한국어로 간부 면접이 있었고 경력에 대한 것과 경영과 원가 계산에 관한 지식에 대한 질문을 받았습니다.

Q　합격하게 된 비결이 무엇이었다고 생각하십니까?

A　역시 일본어에 있었다고 생각합니다. 그것도 단순히 일본어 회화를 잘 해서 합격했다는 것이 아니라 예를 들면 '일본어로 워드를 자유자재로 사용할 수 있는가?' 와 '자료에 쓰인 일본어 기사를 금방 이해할 수 있는가?' 와 같은 실전적인 능력이 필요하다는 것을 느꼈습니다.

🎤 **インタビュー　　就職成功者に聞く1**

Q　最後に後輩へのアドバイスをお願いします。

A　日本語能力試験1級を持っていても、それだけでは安心できません。日本語以外にも志望する仕事に関係のある資格を取得するものいいですし、日本語の勉強が好きな人なら前に答えたような日本語を使いこなす技術を身につけていたらいいと思います。すべてを完璧に準備することはできませんが、自分に合った技術を伸ばすように心がけましょう。

인터뷰 취직 성공자에게 묻는다 1

Q 마지막으로 지금 취업을 준비하는 후배들에게 조언을 한다면?

A   일본어능력시험 1급을 가지고 있어도 그것만으로 안심할 수는 없습니다. 일본어 이외에도 희망하는 일에 관련된 자격증을 취득하는 것도 좋고, 단순히 일본어를 공부하는 것을 좋아하는 사람이라면, 앞에서도 말했듯이 일본어를 구사하는 기술을 익혀 두는 것이 중요하다고 생각합니다. 모든 것을 완벽하게 준비할 수는 없겠지만 자신에게 맞는 능력을 키울 수 있도록 열심히 노력하시기 바랍니다.

インタビュー　　就職成功者に聞く2

～就職成功者に聞く 2～

ワーキングホリデーで日本へ1年滞在。JLPT（日本語能力試験）1級合格。
JPT 780点。TOEIC 660点。大学での専攻は日本語。

1. 所属
   GOH KOREA（株）海外営業部

2. 会社の業務内容
   GOH KOREAは、郷商事（株）の韓国法人として、韓国企業と日本企業の間のハンドリングを主な業務としている。最近は、韓国で生産されるIT関係資材の扱いが増加している。

朴埈輝（박준휘）
パクジュンフィ

Q　現在の仕事ではどのような場面で日本語を使っていますか。

A　いろいろな場面で日本語を使いますが、主な場面としては、メールや電話で入ってくる韓国のお客様からの問い合わせを翻訳して、大阪事務所に伝えるときです。入社して驚いたことは、東京の言葉と大阪の言葉が全然違うということでした。私は大学時代、東京で1年暮らした経験がありますが、大阪弁に接する機会はありませんでした。したがって、大阪との電話のやり取りは不慣れな点も多く、時々相手が話す日本語を聞き間違えてしまうこともあるので、最近は大阪弁を勉強していますが、私が大阪弁を使うことはありません。それから、日本から駐在している上司や先輩には日本語で会話をしていますが、やはり敬語の使い分けが難しいです。

Q　この会社を志望した理由は何ですか。

A　大学で日本語を専攻したので、ずっと日本語を使う仕事に就きたいと思っていました。それから、韓国の外貨獲得のために少しでも役に立つ仕事がしたいと考えていました。

인터뷰　취직 성공자에게 묻는다 2

~취직 성공자에게 묻는다 2~

워킹 홀리데이로 일본에서 1년간 체류.
JLPT(일본어능력시험) 1급 합격. JPT 780점. TOEIC 660점. 대학에서 일본어 전공.

1. 소속
   GOH KOREA 해외 영업부

2. 회사의 업무 내용
   GOH KOREA는 **鄕商事**(본사 : 일본 오사카)의 한국 법인으로 한국 기업과 일본 기업 간의 조정을 주된 업무로 한다.
   최근에는 한국에서 생산되는 IT관련 자재 취급이 증가하고 있다.

Q　현재 하고 계시는 일에서는 어떤 경우에 일본어를 사용하고 계십니까?

A　다양한 경우에 일본어를 사용하는데 대부분은 이메일과 전화로 들어오는 한국 고객으로부터의 문의를 통역하여 오사카 본사에 전달할 때입니다. 입사하고 나서 놀란 것은 도쿄에서 사용하는 말과 오사카의 방언이 상당히 다르다는 것이었습니다. 저는 대학 재학 중에 도쿄에서 1년간 생활한 경험이 있는데 오사카 방언을 접할 기회는 없었습니다. 저의 경우 오사카와 전화로 상담하는 경우가 많으므로 가끔 상대가 말하는 일본어를 잘 못 듣게 되는 경우가 있어서 최근에 오사카 방언을 공부하고 있는데 제가 오사카 방언을 직접 사용하게 되는 경우는 없습니다. 그리고 일본에서 주재하고 있는 상사와 선배에게는 일본어로 이야기를 하고 있는데 역시 경어를 사용하는 것이 어렵습니다.

Q　이 회사를 지원하게 된 동기는 무엇입니까?

A　대학에서 전공이 일본어였기 때문에 이전부터 계속 전공을 살릴 수 있는 직업을 가지고 싶다는 생각을 해왔습니다. 그리고 한국의 외자 획득을 위해서 조금이라도 도움이 되는 일을 하고 싶다고 생각했습니다.

🎤 インタビュー　　就職成功者に聞く 2

Q　就職活動の時、何社ぐらい応募しましたか。

A　正確な数はわかりませんが、だいたい100社ぐらいだったと思います。

Q　現在の会社に応募したとき、どんな書類を提出しましたか。

A　まず、履歴書・自己紹介書・エントリーシートを韓国語と日本語で書きました。会社で指定した書式がなかったので、自分なりに工夫して作りました。また、パソコンの資格証(EXCEL、POWER POINT)やJPT/JLPT/TOEICの成績証明書を同封しました。そして、最後にあいさつ文を添付しました。

Q　筆記試験の内容はどうでしたか?　日本語の試験はありましたか?

A　はい、日本語と英語の試験がありました。日本語の試験は、日本経済新聞の記事を韓国語に翻訳するものの他に、日本から送られてきたメールを翻訳する試験もありました。
英語についても、同様の試験がありました。

Q　面接試験はどうでしたか。

A　はい、面接はすべて日本語で行いました。予想外の様々な質問を受けました。

인터뷰   취직 성공자에게 묻는다 2

Q 구직 활동을 할 때 얼마나 많은 회사에 지원했습니까?

A 정확하게는 잘 모르겠지만 아마 100군데 정도였다고 생각합니다.

Q 지금 회사에 지원했을 때 어떤 서류를 제출했습니까?

A 우선 이력서와 자기소개서, 신청서를 한국어와 일본어로 작성했습니다. 회사에서 지정한 양식이 없었기 때문에 나름대로 여러 가지로 궁리하여 작성했습니다. 또 컴퓨터 관련(EXCEL,POWER POINT 등) 자격증과 JPT/JLPT/TOEIC의 성적 증명서를 동봉했습니다. 그리고 마지막에 인사문을 첨부했습니다.

Q 필기 시험의 내용은 어땠습니까? 일본어 시험이 있었습니까?

A 네. 일본어와 영어 시험이 있었습니다. 일본어 시험은 일본 경제 신문 기사를 한국어로 번역하는 것 외에 일본에서 온 이메일을 번역하는 시험도 있었습니다. 영어 시험도 비슷한 내용이었습니다.

Q 면접 시험은 어땠습니까?

A 면접은 모두 일본어로 이루어졌습니다. 예상 외로 다양한 질문을 받았습니다.

インタビュー　　就職成功者に聞く 2

・自分自身の長所と短所について話してください。
・自分自身の人間関係について話してください。
・知っている日本の歌を歌ってください。
・自分自身が一番よくできることは何ですか？
・日系会社についてどう思いますか？
・日本と韓国の関係についてどう思いますか？
・あなたが見たい映画とあなたの彼女が見たい映画が異なります。
　その時、あなたはどうしますか？
・神社参拝についてどう思いますか？
・自分自身のPRをしてください。

Q　　合格に至るまでに最も困難だったことは何ですか？

A　　やはり英語でした。今、韓国で就職するためには何よりもTOEICの点数が重視されます。私の場合、どの会社に行っても英語の試験や面接がありました。今は、会社で英語の授業を受けています。

Q　　合格の決め手はなんだったと思いますか？

A　　面接官に信頼してもらえるように自分を見せることが一番大切だと思います。もちろん、面接では緊張して、普段なら間違えないところで間違えたりすることもありますが、自信を持って言うことが重要だと思います。

인터뷰 　취직 성공자에게 묻는다 2

- 자신의 장점과 단점에 대해 말하시오.
- 자신의 인간 관계에 대해 말하시오.
- 알고 있는 일본 노래를 한 곡 불러 보시오.
- 자신이 가장 자신 있는 것은 무엇입니까?
- 일본계 회사에 대해 어떻게 생각합니까?
- 일본과 한국의 관계에 대해 어떻게 생각합니까?
- 자신이 보고 싶은 영화와 여자친구가 보고 싶은 영화가 다릅니다. 이럴 때 당신은 어떻게 하겠습니까?
- 신사참배에 대해 어떻게 생각합니까?
- 자기 PR을 하시오.

Q 합격할 때까지 가장 어려웠던 것은 무엇입니까?

A 역시 영어였습니다. 지금 한국에서 취직하기 위해서는 무엇보다도 TOEIC 점수가 중시됩니다. 저의 경우에는 제가 지원한 모든 회사에서 영어 시험과 영어 면접이 있었습니다. 지금은 회사에서 영어 수업을 받고 있습니다.

Q 합격하게 된 비결은 무엇이라고 생각합니까?

A 면접관에게 신뢰를 받을 수 있도록 저를 보이는 것이 가장 중요하다고 생각합니다. 물론 면접 볼 때는 긴장해서 보통은 틀리지 않는 부분에서 실수한 것도 있는데 자신을 가지고 말하는 것이 가장 중요하다고 생각합니다.

🎤 インタビュー　　就職成功者に聞く 2

Q　　後輩へのアドバイスをお願いします。

A　　「私はできる」という肯定的な考え方をしてください。そして、堂々たる態度とともに、自分自身を信じてください。堂々たる態度は相手から信用が得られると思います。それから、いつも笑ってください。笑顔は相手の気分を良くする効果があります。頑張ってください。みなさんは、どの会社へ行っても優秀な人材です。

인터뷰 취직 성공자에게 묻는다 2

Q 마지막으로 취업을 준비하는 후배들에게 충고를 한다면?

A '나는 할 수 있다' 라는 긍정적인 사고를 가졌으면 좋겠습니다. 그리고 당당한 태도와 함께, 자신을 믿어야 합니다. 당당한 태도는 상대로부터 신용을 얻는데 도움이 될 것입니다. 그리고 얼굴에는 항상 웃음을 띠도록 노력하십시오. 웃는 얼굴은 상대의 기분을 좋게 만드는 효과가 있습니다. 열심히 노력하십시오. 여러분은 어떤 회사에 입사하더라도 우수한 인재입니다.

インタビュー　　就職成功者に聞く 3

～就職成功者に聞く 3～

大学時代に留学とワーキングホリデーで日本に滞在。
JLPT（日本語能力試験）1級合格。
大学での専攻は日本語。

1. 所属
   (株)シースクエア (c-square) サイト運営チーム

2. 会社の業務内容
   韓国と日本に拠点を持つIT関連企業。
   情報システムの企画・設計、導入、運用、サポートまで一貫したサービスを行う他、WEBショッピングモールの運営や韓・日翻訳業務を請け負っている。

金宝美(김보미)

Q 現在の仕事ではどのような場面で日本語を使っていますか。

A 　私の担当の業務は、開発サポート、サイト運営、新聞翻訳などです。サイト運営については、弊社で「passcart」という競売・購買代行サイトを運営し、韓国の方にも数多くご利用いただいています。その中で、「サイトから申し込みを受ける → 出品者またはお店に連絡・製品についての質問をする → 送金 → 事務所に製品が無事に届いたら感謝のメールを送る → 出品者の評価を行う → 事務所に届いた製品を韓国に送る」といった業務を行っていますので、日本の業者の方々との会話はもちろん、文書作成、電話応対などの場面で常に日本語を使っています。新聞翻訳は、在日本大韓民国民団中央本部から出版されている日本語の新聞を韓国語に翻訳してOnline版を作成する業務を行っています。

Q そうですか。やはり、日本で働いているので、当然仕事でも数多く日本語を使っているようですね。それでは、次に現在の会社を志望した動機をお聞かせください。

인터뷰 취직 성공자에게 묻는다 3

~취직 성공자에게 묻는다 3~

대학 재학 중에 유학과 워킹 홀리데이로 일본에 체류.
JLPT(일본어능력시험) 1급 합격. 대학에서의 전공은 일본어.

1. 소속
   ㈜ 시 스퀘어(c-square) 사이트 운영 팀

2. 회사의 업무 내용
   한국과 일본에 거점을 두는 IT관련 기업.
   정보 시스템의 기획과 설계, 운용, 지원까지 일괄된 서비스를 제공하는 한편, WEB쇼핑몰 운영과 한·일 번역 업무를 담당하고 있다.

Q 현재 업무에서는 어떤 경우에 일본어를 사용하고 있습니까?

A   제가 담당하는 업무는 개발 지원, 사이트 운영, 신문 번역 등입니다. 사이트 운영에 대해서는 저희 회사에서 「passcart」라는 경매 및 구매 대행 사이트를 운영하고 있는데 한국에서도 많이 이용되고 있습니다.
그 중에서 「사이트에서 신청을 받는다 → 출품자 또는 가게에 연락하여 제품에 대한 질문을 한다 → 송금 → 사무소에 제품이 무사히 도착하면 감사 메일을 보낸다 → 출품자 평가를 실시한다 → 사무소에 도착한 제품을 한국으로 보낸다」와 같은 흐름으로 일을 하고 있습니다. 일본 업자들과의 회화는 물론이고 문서 작성, 전화 응대와 같은 업무에 일본어를 사용하고 있습니다.
신문 번역은 재일 대한민국 민단 중앙 본부에서 출판되는 일본어 신문을 한국어로 번역하여 온라인판을 작성하는 업무를 담당하고 있습니다.

Q 그렇군요. 역시 일본에서 일하고 있기 때문에 당연히 일은 일본어를 사용하겠군요. 그러면 현재 회사를 지원한 동기는 무엇이었습니까?

🎤 *インタビュー*　　　就職成功者に聞く3

A　　IT関連は有望な分野だと思い、韓国と関係ある仕事がしたかったので入社を決意しました。
　　　それと、会社がビザの手続きを引き受けてくださったのも大きな理由です。

Q　就職活動の時、何社ぐらいに応募しましたか。

A　　日本の企業3社に応募しました。すべて、最終審査をパスしましたが、勤務先や給料、それからビザの問題もあり今の会社に決まりました。

Q　現在の会社に応募したときにどんな書類を提出しましたか。

A　　履歴書・自己紹介書・エントリーシートで、いずれも日本語で書きました。自己紹介書には、成長過程、性格、活動内容及び経歴を書きました。エントリーシートには、出身大学、専攻、志望動機、日本語能力、日本で生活した期間、希望する仕事、ビザの期限 などについて書きました。エントリーシートは意外に簡単でした。

Q　筆記試験の内容はどうでしたか。日本語の試験はありましたか。

A　　今の会社では、筆記テストはありませんでした。ちなみに、他に受けた会社では二回の筆記試験がありました。内容は日本語と数学でした。日本語は熟語、同音語、ことわざなどで、数学は確率に関する問題が多かったです。問題も難しく、やはり時間が足りませんでした。

인터뷰 취직 성공자에게 묻는다 3

A   IT관련은 유망한 분야라고 생각했고 한국과 관계가 있는 일을 하고 싶었기 때문에 입사를 결정하게 되었습니다. 그리고 회사가 비자 수속을 해 준 것도 큰 이유입니다.

Q   구직 활동을 할 때 몇 군데 정도의 회사에 지원했습니까?

A   일본 기업 3군데에 지원했습니다. 모두 최종 심사를 통과했지만 근무처와 급여, 그리고 비자 문제도 있어서 지금의 회사로 입사를 결정했습니다.

Q   지금의 회사를 지원했을 때 어떤 서류를 제출했습니까?

A   이력서와 자기소개서, 설문지 모두 일본어로 작성했습니다. 자기소개서에는 성장과정, 성격, 활동 내용 및 경력을 써 넣었습니다. 설문지에는 출신 대학과 전공 지원 동기, 일본어 능력, 일본에서 생활한 기간, 희망하는 일, 비자 만료 등에 대해 썼습니다. 설문지는 의외로 간단했습니다.

Q   필기 시험 내용은 어땠습니까? 일본어 시험이 있었습니까?

A   지금의 회사에서는 필기 시험은 없었습니다. 그리고 다른 회사에서는 두 번의 필기시험이 있었습니다. 내용은 일본어와 수학이었습니다. 일본어는 숙어, 동의어, 속담 등이고 수학은 확률에 관한 문제가 많았습니다. 문제도 어려웠고 시간도 부족했습니다.

インタビュー　　就職成功者に聞く 3

Q　面接試験はどうでしたか。

A　2回受けました。初めて受けた面接は7月だったのですが、これはなんというか、いい勉強になりました。もちろん、日本の会社ですので面接はすべて日本語でした。それから、面接の中でいちばんつらかったのは、ある会社の最終選考に近い面接でした。役員らしき方1人と、学生8人の面接だったのですが、面接が始まると同時に、「こっちから質問とか言うことはないから、全部自分から質問してね。自由に発言していいよ」と言われて…。これにはさすがに戸惑いました。おまけに、一緒に受けていた方がとても積極的に意見を言っていたので、その後だと、もう何を言っていいのかわからなくなってしまい、結局私は志望動機しか話せませんでした。あの時はつらかったです。

Q　それは、たいへんでしたね。面接にはいろいろなパターンがありますが、全部学生の方が質問するというのは珍しいと思います。そのような様々な経験を経て今の仕事に就いたわけですが、それでは合格の決めては何だったと思いますか。

A　専門分野への就職ではなかったので、「前向きな性格で頑張ります。」と言いました。
　積極的なイメージを表したところがプラスになったのではないかと思います。

Q　この本の読者には、日本で就職したいと願っている人が多くいます。最後に、後輩へのアドバイスをお願いします。

인터뷰 취직 성공자에게 묻는다 3

Q 면접시험은 어땠습니까?

A 두 번 봤습니다. 처음 본 면접은 7월이었는데 이 면접은 말하자면 좋은 공부가 되었습니다. 물론 일본 회사이기 때문에 면접은 모두 일본어였습니다. 그리고 면접 중에서 가장 어려웠던 것은 어떤 회사의 최종 심사에 가까운 면접이었습니다. 간부같이 보이는 사람 한 명과 학생 8명의 면접이었는데 면접이 시작되자 마자 「이쪽에서의 질문은 특별히 없으니 전부 자기 스스로 생각하여 자유롭게 말해도 됩니다」라고 말했습니다.
솔직히 당황했습니다. 게다가 함께 면접을 본 사람이 굉장히 적극적으로 의견을 말하기 시작해서 그 다음이라면 무슨 말을 해야 할지 알 수가 없어서 결국 저는 지원 동기밖에 말하지 못했습니다. 그 때는 정말 괴로웠습니다.

Q 그런 일도 있었군요. 면접에는 여러 가지 방식이 있는데 전부 학생이 스스로 질문한다는 것은 매우 드문 예라고 생각합니다. 그런 다양한 경험을 거쳐 지금 회사에 입사하셨는데 그러면 합격의 비결은 무엇이었다고 생각합니까?

A 전문 분야의 취직이 아니었기 때문에 「무슨 일이든지 적극적으로 열심히 하겠습니다.」라고 했습니다. 적극적인 인상을 준 점이 플러스 요인이 되었다고 생각합니다.

Q 이 책의 독자 중에는 일본에서 취업하고 싶다고 생각하는 사람이 많습니다. 마지막으로 후배에게 충고 한 마디 부탁합니다.

🎤 **インタビュー　　就職成功者に聞く3**

A　私は就職活動を通じて、ほんの一部かもしれないけど社会の厳しさを知って、成長できたのではないかと思います。自分で言うのも何ですが、考え方がしっかりしたと思います。精神的にも強くなったと思うし、大人になったのではないかな…。今ではちょっとのことではへこまなくなりました。就職活動を一生懸命頑張ってきた分、仕事も一生懸命やろうという気持ちに満ちている感じです。就職活動中の皆さん、焦らず様々な企業を回れば、最終的に自分に合うところがみつかると思います。マイペースに、そして何より諦めずに頑張ってください!!

> **인터뷰**   취직 성공자에게 묻는다 3

A   저는 구직 활동을 통해 정말 일부분일지는 몰라도 사회의 엄격함을 알게 되어 성장할 수 있었다고 생각합니다. 스스로 말하는 것도 부끄럽지만 제대로 된 사고방식을 가졌다고 생각합니다. 정신적으로도 강해졌고 좀더 어른이 되었다고 해야 하나요.
지금은 웬만한 일로는 고민도 하지 않게 되었습니다. 구직 활동을 열심히 한 만큼 일도 열심히 하겠다는 각오가 되어 있습니다. 구직 활동 중인 여러분, 겁먹지 말로 여러 회사에 도전하다 보면, 마지막에는 자기에게 맞는 곳을 찾을 수 있을 것입니다. 자기 자신을 믿고 무엇보다 포기하지 말고 열심히 하시기 바랍니다!!

インタビュー　　就職成功者に聞く 4

～就職成功者に聞く 4～

大学時代中国に2年留学。JLPT（日本語能力試験）1級合格。
HSK 8級合格。大学での専攻は中国語。

1. 所属
   （株）FineAltech 資材チーム

2. 会社の業務内容
   テレビに使われるアルミニウムの部品を製造し、主にLGに納品。
   韓国・中国・ポーランドに自社工場がある。

ムンヒョン ホ
文 賢 浩（문현호）

Q　現在の仕事ではどのような場面で日本語を使っていますか。

A　部品の製造に使う金型は自社の工場でも作っていますが、日本からも輸入しています。Eメールや電話で行われる日本の取引先との連絡はすべて日本語でしています。実は、私は入社してまだ3ヶ月なのですが、その会社がある日本の鳥取県にはすでに2回出張しています。また、日本からお客様がお見えになったときは、通訳などもしています。

Q　たしか、大学での専攻は中国語だったと思いますが、仕事で中国語も使っていますか。

A　はい。最近、中国の工場に出張してきました。中国の工場を拡張する計画があり、その調整のために行って来ました。中国語に慣れてきたところで韓国に帰ってきて、今度は日本の取引先とやり取りをしなければならないので、頭の切り替えがたいへんです。今後、日本への事業を拡大する予定もあり、社長からはもっと日本語を勉強するようにと言われています。

인터뷰 취직 성공자에게 묻는다 4

~취직 성공자에게 묻는다 4~

대학 재학 중에 중국에서 2년 동안 어학 연수.
JLPT(일본어능력시험) 1급 합격. HSK 8급 합격.
대학에서 중국어 전공.

1. 소속
   (주) 화인알텍 자재팀

2. 회사의 업무 내용
   텔레비전에 사용되는 알루미늄 부품을 제조하고, 주로 LG에 납품.
   한국・중국・폴란드에 현지 공장이 있다.

Q 현재 하고 계시는 일에서는 어떤 경우에 일본어를 사용하고 계십니까?

A 부품 제조에 사용되는 금형은 자사의 공장에서도 만들고 있지만 일본에서 수입도 하고 있습니다. 이메일과 전화로 이루어지는 일본 거래처와의 연락은 모두 일본어로 하고 있습니다. 사실 저는 입사한 지 이제 3개월째인데 그 회사가 있는 일본의 돗도리 현으로 출장을 두 번 다녀왔습니다. 또 일본에서 오는 고객을 맞이하게 되는 경우에는 통역도 담당하고 있습니다.

Q 그렇군요, 대학에서 중국어를 전공하신 것으로 알고 있는데 일에서 중국어도 사용하십니까?

A 네, 얼마 전에는 중국에 있는 현지 공장에 출장을 다녀왔습니다. 중국의 현지 공장을 확장하려는 계획이 있어서 그 조정이 목적이었습니다. 중국어에 익숙해질 만해지니까 귀국하고, 또 이번에는 일본의 거래처와 상의를 해야 하기 때문에 머릿속에서 중국어와 일본어를 교체하는 것이 어렵습니다. 또 앞으로 일본으로 사업을 확대할 예정도 있어서 사장님께서 직접 일본어를 더 공부해 두라는 언지가 있었습니다.

インタビュー　　就職成功者に聞く 4

Q　そうですか。それだけ文賢浩さんに対する期待が大きいというわけですね。ところで、現在の会社を志望した理由は何ですか。

A　大学で中国語と日本語を勉強してきましたが、それを生かす仕事がしたかったので志望しました。

Q　就職活動の時、何社ぐらい応募しましたか。

A　4社です。思ったよりも早く就職が決まったので。

Q　それは、運が良かったですね。応募書類などは郵送で送りましたか。

A　いいえ。WEBサイトから申し込みました。まず、履歴書とエントリーシートを送りました。両方とも韓国語のものだけです。その後、書類選考を通過した人は面接に進みました。面接は1回でした。雰囲気は和やかで、これまでにした日本語通訳の経験や経歴の確認についての質問がありました。最後に「もし、採用になったら来週から会社に来られますか？」と聞かれたので、「はい、大丈夫です。」と答えました。これは、入社してから言われたことですが、会社はこれから日本への事業を強化したいと考えていたので、日本語のできる人材を探していたのだそうです。

인터뷰   취직 성공자에게 묻는다 4

Q   네. 역시 그만큼 문현호씨에 대한 기대가 크다는 뜻일 것입니다. 그런데 지금 회사를 지원하게 된 동기는 무엇이었습니까?

A   대학에서 중국어와 일본어를 공부했는데 그것을 살리는 일을 하고 싶었기 때문에 지원하게 되었습니다.

Q   구직을 할 때 얼마나 많은 회사에 지원했습니까?

A   네 군데입니다. 생각보다 취직이 빨리 정해져서….

Q   요즘 같은 때에 정말 운이 좋았군요. 지원 서류는 우편으로 접수하셨습니까?

A   아니요, 웹 사이트에서 직접 신청했습니다. 우선 이력서와 신청서를 보냈습니다. 두 가지 다 한국어로 작성한 것입니다. 그 후 서류 심사를 통과한 사람에게 면접 시험을 볼 수 있는 자격이 주어집니다. 면접은 한 번뿐이었습니다. 면접은 편안한 분위기에서 진행되었고 지금까지 해 온 일본어 통역 경험과 경력 확인에 대해 질문을 받았습니다. 마지막으로 '만약 채용된다면 다음 주부터 회사에 출근할 수 있습니까?' 라는 질문을 받아 '네, 출근할 수 있습니다' 라고 대답했습니다. 이것은 입사하고 나서 들은 이야기인데 회사는 앞으로 일본으로 사업을 확장하려고 하고 있었기 때문에 일본어를 사용할 수 있는 인재를 찾고 있었다고 합니다.

🎤 インタビュー　　就職成功者に聞く4

Q　そうですか。それで、見事合格したわけですね。他の会社の面接試験も受けたそうですが、そちらの方はどうでしたか。

A　はい。その会社は面接試験が2回ありました。最初の面接では面接官が韓国語で質問して、それを私が中国語で答えました。質問は経済や政治などの時事用語の説明や、「韓国と中国の違う点は？」といった内容でした。次に「会社に入ったらどんな仕事をしたいか？」と聞かれましたが、こちらは韓国語で答えていいと言われました。第二面接では今のような質問のほかに身体検査などがありました。

Q　よく、わかりました。今の会社に合格した決め手は何だと思いますか。

A　私は、大学で中国語と日本語を学びましたが、それだけではなく、通訳のアルバイトをして実務経験を積んでいたことがアピールになったと思います。

Q　最後に後輩へのアドバイスをお願いします。

A　大学を卒業して就職したら、毎日仕事が待っています。大学在学中にエクセル、パワーポイント、CADといったパソコン関連の資格を取っておくといいと思います。みなさんも、大学で学んだことを生かして頑張ってください。

인터뷰   취직 성공자에게 묻는다 4

Q 그랬군요. 그래서 멋지게 합격하게 된 것이로군요. 다른 회사에서도 면접을 보셨다고 했는데 다른 회사는 어땠습니까?

A 다른 회사는 면접 시험이 두 번 있었습니다. 처음 면접에서는 면접관이 한국어로 질문하면 그것을 제가 중국어로 답했습니다. 질문은 경제와 정치 등 시사용어의 설명과 '한국과 중국의 차이는?'과 같은 내용이었습니다. 그리고 '입사하게 되면 어떤 일을 하고 싶은가?'라는 질문도 받았습니다. 이것은 한국어로 답해도 되는 질문이었습니다. 2차 면접에서는 이런 질문 외에 신체 검사를 받았습니다.

Q 잘 알겠습니다. 지금 회사에 합격한 비결은 무엇이었다고 생각하십니까?

A 저는 대학에서 중국어와 일본어를 공부하였고, 그것뿐만 아니라 통역 아르바이트를 하여 실무 경험을 쌓았던 것이 합격과 연결되었다고 생각합니다.

Q 마지막으로 취업을 준비하는 후배에게 충고를 한다면?

A 대학을 졸업하고 취직하면 매일 힘든 일이 기다리고 있습니다. 대학 재학 중에 엑셀, 파워포인트, CAD와 같은 컴퓨터 관련 자격을 취득해 두면 많은 도움이 될 것입니다. 여러분도 대학에서 공부한 것을 잘 살려 열심히 노력하시길 바랍니다.

🎤 インタビュー　　就職成功者に聞く 5

～就職成功者に聞く 5～

大学時代に留学とワーキングホリデーで日本に滞在。
JLPT（日本語能力試験）1級合格。大学での専攻は日本語。

1. 所属
   韓国オプティカルハイテック(KOHTECH) 品質本部

2. 会社の業務内容
   日本の日東電工の合弁企業として、LCD用偏光板(へんこうばん)等の製造を主な業務としている。
   また、日本本社と韓国の取引先の連絡も重要な業務になっている。

朴洪昔(박홍석)
パクホンソク

Q　現在の仕事ではどのような場面で日本語を使っていますか。

A　日本本社と韓国の取引先との間で会議が行われる際に通訳を担当しています。その他、様々なビジネス文書の翻訳、業務進行の確認メールの受信及び発信などで日本語を使っています。また、数ヶ月に一度日本へ出張する機会があり、そこでは交渉等すべてのやり取りを日本語で行っています。先日は、広島県(ひろしまけん)の尾道(おのみち)に行ってきました。

Q　尾道といえば、映画の舞台にもなったことでも有名なところですね。ところで、どうして現在の仕事を志望するようになったのですか。

A　偏光板はLCDディスプレーの重要な部品のひとつですが、今後LCD市場が拡大していく中で偏光板もその需要の増加が予想されています。そのような先端産業で働いてみたいと考え、今の会社を選択しました。

인터뷰 취직 성공자에게 묻는다 5

~취직 성공자에게 묻는다 5~

대학 재학중에 유학과 워킹 홀리데이로 일본에 체류.
JLPT(일본어능력시험) 1급 합격. 대학에서의 전공은 일본어.

1. 소속
   한국옵티컬하이테크(KOHTECH) 품질본부

2. 회사의 업무 내용
   일본의 日東電工의 합병 기업으로서 LCD용 편광판 등의 제조를 주된 업무로 한다.
   또 일본 본사와 한국 거래처와의 연락도 중요한 업무이다.

Q 현재의 일에서 어떤 경우에 일본어를 사용하고 있습니까?

A 일본 본사와 한국 거래처 사이에서 회의가 있을 때에 통역을 담당하고 있습니다. 그 외에도 다양한 비즈니스 문서의 번역, 사무 진행의 확인 메일의 수신 및 발신에서 일본어를 사용하고 있습니다. 또 몇 달에 한번 일본으로 출장갈 기회가 있고 거기에서는 교섭 등 모든 거래를 일본어로 진행합니다. 요전에는 히로시마현 尾道에 다녀 왔습니다.

Q 尾道라면 영화 무대가 된 곳으로도 유명한 곳이로군요. 그런데 어떻게 지금 회사에 지원하게 되었습니까?

A 편광판은 LCD 디스크 플레이의 중요한 부품 중 하나인데 앞으로 LCD 시장이 확대될 것이고 편광판도 수요 증가가 예상되고 있습니다. 그러한 첨단 산업에서 일하고 싶다고 생각하여 지금 회사를 선택하게 되었습니다.

🎤 **インタビュー　　就職成功者に聞く5**

Q　就職活動の時、何社ぐらいに応募しましたか。

A　履歴書は４０社ぐらい提出しました。そのうち、面接は４回ぐらい受けました。

Q　現在の会社に応募したときにどんな書類を提出しましたか。

A　韓国語で書いた履歴書・自己紹介書・エントリーシートを提出しました。エントリーシートには、学生時代に自分自身が打ち込んだことと会社で志望する業務にどのような関係があるのかについて書いたほか、自分が志望した業務を行う上でその打ち込んだことをどのように役立てていくかといったことを特にアピールして書きました。

Q　筆記試験の内容はどうでしたか。日本語の試験はありましたか。

A　筆記試験はありませんでした。

Q　面接試験はどうでしたか。

A　日本語面接で受けた質問は、自己紹介、性格、日本への留学経験について、今の学科(日本語)を選択した動機、入社の後の抱負等でした。

인터뷰　취직 성공자에게 묻는다 5

Q　구직 활동을 할 때 몇 군데에 지원했습니까?

A　이력서는 40군데 정도 제출했습니다. 그 중 면접은 네 번 정도 봤습니다.

Q　지금의 회사에 지원했을 때에 어떤 서류를 제출했습니까?

A　　한국어로 쓴 이력서와 자기 소개서, 설문지를 제출했습니다. 설문지에는 학생 시절에 열중한 것과 회사에서 희망하는 업무에 어떤 관계가 있는가에 대해 쓰는 외에도 자신이 지원한 업무를 하는 데 있어서 학생 시절에 열중한 것을 어떻게 살리겠다는 것을 강조하여 썼습니다.

Q　필기 시험의 내용은 어땠습니까? 일본어 시험은 있었습니까?

A　필기 시험은 없었습니다.

Q　면접 시험은 어땠습니까?

A　　일본어 면접에서 받은 질문은 자기소개, 성격, 일본 유학 경험에 대해, 지금의 학과(일본어)를 선택한 동기, 입사 후의 포부 등이었습니다.

インタビュー　　　就職成功者に聞く5

Q　合格に至るまでに最も困難だったことは何でしたか。

A　書類審査が進行している間は、何かと落ち着かないものですが、そのような時でも精神面を強くして、平静を保ち生活を送らなければならなかったことがたいへんでした。それから、技術的には提出書類の中でどのように自分を表現するのかが難しく思うと同時にそれがとても重要だと感じました。

Q　反対に合格の決め手は何だったと思いますか。

A　自分が志望した会社について、多くの情報を収集して勉強したことが、面接や書類審査を通じて自分に有利に作用したと思います。

Q　最後に、後輩へのアドバイスをお願いします。

A　多くの情報を集め入念な準備をしましょう。外国語会話能力が向上し、コンピュータープログラムを上手に扱うことができれば、さらに簡単に就職できると思います。また、就職活動中は、どんな事でもやりこなすことができるという自信を持たなければならないと思います。

인터뷰 취직 성공자에게 묻는다 5

Q 합격하기까지 가장 어려웠던 것은 무엇이었습니까?

A 서류 심사가 진행되고 있는 동안에는 왠지 안절부절못했지만 그런 때에도 마음을 다잡고 평정을 유지하면서 생활해야 하는 것이 정말 힘들었습니다. 그리고 기술적으로 제출 서류 안에서 어떻게 자신을 표현해야 하는지 어려웠고 동시에 가장 중요하다고 생각했습니다.

Q 반대로 합격한 비결은 무엇이었다고 생각합니까?

A 제가 지원한 회사에 대해 정보를 많이 수집하여 공부한 것이 면접과 서류 심사를 통해 유리하게 작용했다고 생각합니다.

Q 마지막으로 후배들에게 충고 한마디 부탁합니다.

A 정보를 많이 모아 꼼꼼하게 준비하십시오. 외국어 회화 능력이 향상되고 컴퓨터 프로그램을 능숙하게 사용할 수 있으면 더욱 쉽게 취직될 수 있을 거라 생각합니다. 또 구직 활동 중에는 어떤 일이 있어도 해낼 수 있다는 자신을 가져야 한다고 생각합니다.

インタビュー　就職成功者に聞く 6

〜就職成功者に聞く 6〜

日本に4年、カナダに1年留学経験あり。JLPT（日本語能力試験）1級合格。大学での専攻は英語。

1. 所属
   日本：アシアナスタッフサービス
   オーストラリア：アシアナ航空
   (GLOBAL AVIATION SERVICES)

2. 会社の業務内容
   航空会社

パクソンヨン
朴宣映(박선영)

Q　仕事ではどのような場面で日本語を使っていますか。

A　まず、東京勤務の時の経験からお話しします。私が所属していた予約業務の事務所は東京にありましたが、日本全国から予約などの問い合わせ電話はすべてそこに転送されてきました。ですから、東京の言葉だけでなく、日本のいろいろな方言を聞きました。就職したときは、日本へ来て3年ほど経っていたのですが、それまで東京以外の地域で生活したことがなかったので、最初は方言を聞いてもなかなか理解できませんでした。特に、大阪、沖縄、仙台などのなまりが全然聞き取れませんでした。聞き取りができなかったとき、お客様に怒られたこともありましたが、私のためにゆっくり他の言葉で説明してくださるお客様もいらっしゃいました。

　次に現在勤務しているオーストラリア・シドニーの状況についてお話しします。アシアナ航空シドニー支店は、小さな支店のため東京支店のような分業体制になっていません。予約、発券、マイレージ、セールスなどを4人の職員で行っています。私の場合は、幸い日本で勤務した経験もあり、シドニー支店の仕事にも比較的早く慣れることができました。理由は、シドニーでも東京とほとんど同じコンピューター予約システムが使われている他、お客様の大部分が韓国の方だからです。それか

인터뷰 취직 성공자에게 묻는다 6

~취직 성공자에게 묻는다 6~

일본에 4년, 캐나다에 1년 동안 유학
JLPT(일본어능력시험) 1급 합격. 대학에서의 전공은 영어.

1. 소속
   일본 도쿄 : 아시아나 STAFF SERVICES
   호주 시드니 : 아시아나 항공(GLOBAL AVIATION SERVICES)

2. 회사의 업무 내용
   항공회사

Q 어떤 경우에 일본어를 사용하고 있습니까?

A 우선 도쿄에서 근무했을 때의 경험부터 말씀드리겠습니다.
제가 일한 곳은 일본 도쿄였지만 일본 전국에서 예약이 들어오는 곳이었기 때문에 일본 전국의 사투리를 모두 다 접할 수 있는 곳이었습니다.
도쿄에 와서 3년 정도 지났을 때였고 다른 지역에서 살아 본 적이 없어서 일본어 특히 사투리에 익숙하지 않았을 때 전화로 듣는 사투리가 때로는 굉장히 큰 어려움이었습니다. 오사카나 오키나와, 또 센다이와 같은 지방의 사투리를 전혀 알아들을 수 없을 때가 많았습니다. 가끔 알아듣지 못하는 손님이 화를 내는 경우도 있었고 알아듣지 못하는 저를 위해서 천천히 다른 말로 설명해주는 손님도 있었습니다.

그리고 현재 근무하고 있는 호주 시드니의 상황에 대해 말씀 드리겠습니다. 아시아나 시드니 지점은 작은 지점이라서 일이 나누어져 있지 않고 예약, 발권, 마일리지 세일즈 등을 전부 4명의 직원이 함께 하고 있습니다.
저 같은 경우는 일본에서 일한 경험이 있기 때문에 다행히 시드니에서 적응이 비교적 쉬웠습니다. 같은 컴퓨터 예약 시스템을 사용했고 대부분의 손님이 일본과 마찬가지로 한국 분이시기 때문입니다.
시드니 지점에서는 영어나 한국어를 모르는 일본 손님들에 대해서 언어소통에서 어려움을 겪고 있었기 때문에 다행히 제가 일본어를 할 수 있는 관계로

インタビュー　　就職成功者に聞く6

ら私が入社する前のシドニー支店では、英語や韓国語が分からない日本のお客様との予約サービスがスムーズにいかないことが多かったようですが、私が日本語で仕事ができるので日本のお客様からも好評を得ています。

Q お話を聞いていると、電話などでお客様とお話しする時に日本語を使うことが多いようですが、例えば日本語ではどのようにするのですか。

A 東京の場合はこのような感じでした。

　　私：お客様、ご予約をお伺いします。
お客様：＊日＊便の予約をしているんですが。
　　私：いつの便への変更をご希望ですか。
お客様：＊日＊便に変えてください。
　　私：はい、かしこまりました。
（または）
　　私：あいにくその日は空席がないので、他の日をお調べいたします。

　シドニーの場合は東京とは少し事情が違います。シドニーからソウルを経由して日本にいらっしゃるお客様の大部分は、フライトスケジュール上、ソウルで一泊しなければなりません。ですから、お客様の予約をするときにホテルの予約も伴います。

お客様：予約を変えたいのですが。
　　私：＊日＊便からどの便へご予約の変更をご希望ですか。
お客様：＊日＊便に変えてください。
　　私：お帰りは、途中ソウル(仁川)で一泊することをご存じですか。
　　　　もし、お客様がよろしければ、アシアナでホテルとお食事をご提供いたしますが。
お客様：その場合、追加料金を払わなければならないですか。

인터뷰 취직 성공자에게 묻는다 6

서비스가 원활해졌다고 볼 수 있습니다.

Q 이야기를 듣자니 전화 등으로 손님과 이야기할 때에 일본어를 사용하는 경우가 많은 것 같은데 예를 들면 일본어로는 어떻게 대화가 진행됩니까?

A 도쿄의 경우는 이렇습니다.

나 : 손님, 예약하셨습니까?
손님 : ＊날 ＊편으로 예약했었는데요.
나 : 언제로 예약을 바꾸시길 원하십니까?
손님 : ＊날 ＊편으로 바꿔주세요.
나 : 네, 바꿔드리겠습니다.

또는,

나 : 그 날은 좌석이 없는데요, 다른 날이나 다른 편을 알아봐 드리겠습니다.

시드니의 경우는 도쿄와 사정이 조금 다릅니다.
시드니에서 서울을 경유하여 일본으로 가는 손님은, 대부분의 비행 일정 관계로 서울에서 하룻밤을 지내야 합니다. 손님들의 예약에는 호텔 예약도 포함되어 있습니다.

손님 : 예약을 바꾸고 싶습니다.
나 : ＊날 ＊편에서 어느 편으로 예약을 바꾸시길 원하십니까?
손님 : ＊날 ＊편으로 바꿔주세요.
나 : 서울(인천)에서 하룻밤 머무셔야 하는 건 알고 계십니까? 손님께서 괜찮으시다면 아시아나에서 호텔과 식사를 제공하고 있습니다.
손님 : 추가 요금을 내야 하나요?

インタビュー　　就職成功者に聞く 6

　　　　　　私：いいえ、追加料金は必要ございません。すべて航空券に含まれております。
　　　　　　　　それでは＊日＊便のご予約とソウルでのお客様のためのホテルのお部屋をご用意いたします。

Q　そうですか。同じ会社で使う日本語でも場所によってずいぶん違うようですね。ところで、どうしてパクさんはアシアナ航空を志望したのですか。

A　特に、航空会社を志望していたというわけではありませんでした。私が日本で就職活動をしていた時、偶然アシアナ航空の求人広告を目にしました。そして、アシアナ航空なら私が韓国語ができるから、他の志望者よりも就職に有利だと思って志望しました。

Q　偶然、アシアナ航空の求人広告を見つけたのですか。就職活動には運も必要ですね。就職活動の時、何社ぐらいに応募しましたか。

A　最初に受けたこの会社に運良く合格したので、他の会社は受けませんでした。

Q　会社に応募する時には、どんな書類を提出しましたか。

A　東京の支店を受験した時には、履歴書と自己紹介書を提出しました。両方とも日本語で書きました。

인터뷰 취직 성공자에게 묻는다 6

　　　나 : 아닙니다. 모두 항공권에 포함되어 있습니다. 그러면 ＊날 ＊편의
　　　　　예약과 경유를 위한 숙박을 준비해 드리도록 하겠습니다.

Q　그렇군요. 같은 회사에서 사용하는 일본어라도 경우에 따라 상당한 차이가 있군요. 그런데 어떻게 아시아나 항공에 지원하게 된 것입니까?

A　특별히 항공사 쪽의 일을 찾고 있었던 것은 아니었으나 제가 일본에서 직장을 찾고 있을 때 우연히 아시아나 항공의 구인 광고를 접하게 되었습니다. 그리고 이 일이라면 한국어를 할 수 있으니까 남들보다 잘 할 수 있으리라는 생각으로 지원하게 되었습니다.

Q　우연히 구인 광고를 발견하게 된 것입니까? 구직 활동에는 운도 필요하군요. 구직 활동을 할 때 몇 군데의 회사에 지원했습니까?

A　처음에 지원했던 이 회사에 운 좋게 합격이 되어서, 다른 곳은 지원하지 않았습니다.

Q　회사에 지원할 때에는 어떤 서류를 제출했습니까?

A　도쿄 지점에 지원했을 때에는 이력서와 자기소개서를 제출했습니다. 두 가지 다 일본어로 작성했습니다.

インタビュー　　就職成功者に聞く6

Q　内容はどうでしたか。

A　もちろん会社に良い印象を与えられるように書きました。多くのアルバイトをする中で、日本語を使ってお客様に接してきたことと、私の性格がこの方面に合っていて自分も楽しんで仕事ができるということを書きました。また私のキャリアとしてカナダで英語の研修を受けたことや、韓国語はネイティブで日本で3年ほど勉強をしたので日本語での仕事にも問題がないことを強調しました。

Q　筆記試験はありましたか。

A　筆記試験はありませんでした。履歴書を会社に出した後、しばらくして面接の日時を知らせる電話がありました。それから、面接を受けた後にすぐ合格発表がありました。

Q　そうですか。それでは、その面接試験の内容を詳しくお聞かせください。面接は何回しましたか、何語でしましたか。

A　1回でした。韓国語でしました。

Q　面接では、どのようなことを聞かれましたか。

A　いろいろ聞かれましたが、参考までにその時の質問と私の答えを紹介します。

인터뷰 취직 성공자에게 묻는다 6

Q 내용은 어땠습니까?

A 물론 회사에 좋은 인상을 주기 위한 내용을 적었습니다. 그 동안 많은 아르바이트를 통해서 손님 응대(Customer Services)의 경험을 많이 쌓았고, 제 성격이 이 방면에 어울리며 나 자신도 이런 일을 할 때 즐거움을 느낀다는 내용을 적었습니다. 또한 제가 가지고 있는 장점 중 하나로, 캐나다에서 영어연수를 받은 것과 한국어는 모국어이며, 일본에서 3년 정도 공부를 했기 때문에 일본어에도 문제가 없다는 것을 강조했습니다.

Q 필기 시험이 있었습니까?

A 필기 시험은 없었습니다. 이력서를 회사에 보낸 며칠 후에 면접 날짜를 알려주는 전화를 받았고 면접을 본 후에 바로 합격 발표가 있었습니다.

Q 그렇군요. 그러면 그 면접 시험의 내용을 자세히 들려 주십시오. 면접은 무슨 언어로 몇 번 보게 되었습니까?

A 한 번이었고 한국어였습니다.

Q 면접에서는 어떤 질문을 받았습니까?

A 다양한 질문을 받았는데 참고로 그 때의 질문에 대한 저의 답을 소개하겠습니다.

🎤 インタビュー　　就職成功者に聞く 6

面接者：日本に来てどのくらいになりましたか。
私：3年ほどになりました。

面接者：日本へ来るようになったきっかけは何ですか？
私：カナダで英語を勉強し、いつも十分ではないと感じていました。それで、他の言語を学んでみようと選択した言語が日本語で、日本語を勉強するために日本へ来ることになりました。

面接者：英語の実力はどの位ですか。
私：カナダで英語の研修を受けたので、難しくない日常会話程度の英語なら問題ないと思います。

面接者：コンピューターのタイプはどのくらいできますか。
私：韓国語のタイプは非常に早くできます。英語のタイプも韓国語よりは遅いですが、文字のキーを見ないで打つことができます。

面接者：ご両親は韓国にいらっしゃいますか。
私：はい、二人とも韓国に住んでいます。

面接者：もしこの会社で働くことになったらいつから仕事ができますか。
私：2週間後なら働くことができます。

他におもしろい質問もありました。

Q　合格するまで一番大変だったことは何ですか。

> **인터뷰** 취직 성공자에게 묻는다 6

면접관 : 일본에 얼마나 있었습니까?
　나 : 3년 정도 되었습니다.

면접관 : 일본에 오게 된 동기는 무엇입니까?
　나 : 캐나다에서 영어를 공부하면서 언제나 부족하다고 생각했었고, 또 다른 언어를 배워보고 싶어서 선택한 언어가 일본어여서, 일본어를 공부하기 위해 일본에 오게 되었습니다.

면접관 : 영어실력은 얼마나 됩니까?
　나 : 캐나다에서 영어 연수를 했으며, 아주 어려운 영어가 아니라면 일반 일상회화는 문제가 없다고 생각합니다.

면접관 : 컴퓨터 타이핑 실력은 얼마나 됩니까?
　나 : 한국어 타이핑은 매우 빠르며, 영어 타이핑도 한국어보다는 느리지만 자판을 보지 않고 칠 수 있습니다.

면접관 : 부모님은 한국에 계십니까?
　나 : 네. 두 분 다 한국에 살고 계십니다.

면접관 : 만약 이 회사에서 일하게 된다면 언제부터 일을 할 수 있습니까?
　나 : 2주 후부터는 가능합니다.

그 외에 재미있는 질문도 있었습니다.

Q   합격할 때까지 가장 힘들었던 것은 무엇이었습니까?

🎤 インタビュー　　就職成功者に聞く 6

A　　私の場合、特に大変だと思ったことはありませんでした。といいますのも、試験もありませんでしたし、面接も考えていたよりもずっと簡単なものでした。その上、面接を受けた日の午後には合格の知らせをいただいたので、結果を待つことなく採用が決まりました。

Q　　合格の決め手は何だったと思いますか。

A　　日本語以外にも他の言語ができたからだと思います。日本支店で働こうとすれば、もちろん日本語が基本にならなければならないのですが、私が応募した時は、私以外はみな日本の方だったので、状況が私に有利だったのではないかと思います。会社では、日本の方が苦手な韓国語と英語ができる人材が必要だったので、その足りない部分を満たしていたのが私だったのではないかと思います。それで、日本語が完璧とはいえないのですが、私が採用されるようになったのではないかと思います。

Q　　最後に、後輩へのアドバイスをお願いします。

A　　私は他人にアドバイスができるような立派な人ではありませんので、照れくさいのですが…。もし自分がしたい事があるのなら、そのためにいろいろと努力をしてみると、就職の機会が来るのではないかと思います。私も留学生として日本の地を踏み、はじめは日本語に自信がない状態だったので、日本の会社の門をたたくのがとても怖かったです。しかし、私のような者も思い切って門をたたいてみたら、運良く簡単にドアが開いたようです。

> **인터뷰**   취직 성공자에게 묻는다 6

A   특별히 기억나는 것은 없습니다. 시험도 보지 않았었고, 면접도 생각보다 매우 간단했습니다. 게다가 결과도 면접을 본 그 날 오후에 바로 전화로 합격되었다는 것을 알려주셔서 특별히 기다리지 않아도 되었습니다.

Q   합격한 비결은 무엇이었습니까?

A   일본어 이외에 다른 언어를 할 수 있었던 것이라고 생각합니다.
일본 지점에서 일하려면 물론 일본어가 기본으로 되어야 하지만 제가 지원했을 때 저를 빼고는 모두 일본인이었기 때문에 저에게는 오히려 유리했다고 생각합니다. 일본인이 취약한 한국어와 영어를 할 수 있는 사람이 필요했기 때문에 그 부족한 부분을 채울 수 있는 사람이 저였다고 생각합니다. 그래서 일본어가 완벽하지 못한 저였지만 채용된 것이 아니었나 싶습니다.

Q   마지막으로 후배에게 충고 한 마디 부탁합니다.

A   제가 충고를 할 만한 훌륭한 사람이 되지 못해서 쑥스럽지만, 자신이 하고 싶은 일이 있다면 그 일을 위해서 여러 가지로 노력을 하다 보면 그 기회가 오는 것이 아닐까 싶습니다. 저도 처음에는 유학생 신분으로 일본 땅을 밟게 되었고 일본어에 자신이 그다지 없는 상태였기 때문에 일본 회사의 문을 두드린다는 것이 두렵고 어려웠습니다. 하지만 저같은 사람도 큰 맘 먹고 문을 두드려 보니 운 좋게 너무 쉽게 문이 열렸던 것 같습니다.

🎙 **インタビュー**　　就職成功者に聞く 7

～就職成功者に聞く 7～

日本に8年、アメリカに約2年留学。JLPT（日本語能力試験）1級合格。
大学院での専攻は日本語学。

1. 所属
   韓国A市　総務課

2. 会社の業務内容
   日本や中国にある姉妹都市との対外協力に関する業務を担当しているほか、韓国の他の自治体との交流事業等の幅広い業務に携わっている。

（写真なし）

李 賢 珠(仮名)
イ ヒョンス

Q　現在の仕事ではどのような場面で日本語を使っていますか。

A　A市は日本と中国に姉妹都市があり、農業分野やその他の交流事業を活発に行っています。その中で、私は日本担当者として様々な交流活動に携わっています。日頃は、姉妹都市から受けたメールや郵便物を韓国語に翻訳したり、こちらから発信するお知らせを日本語に翻訳したりしています。また、日本からお客様がお見えの際には、同行して通訳を行うほか、市の行事等でこちらから日本を訪問する際には随行して通訳等を行っています。

Q　公務員というお仕事がら、日本の自治体等からお客様がお見えになることも多いのですか。

A　はい、多いです。最近では、姉妹都市の幹部をはじめ、ロータリークラブ等の経済団体のみなさまが当市を訪問されました。そのような際には必ず歓迎式典が行われ、市長等のスピーチを通訳する仕事も私に任されています。

인터뷰 취직 성공자에게 묻는다 7

~취직 성공자에게 묻는다 7~

일본에서 8년, 미국에서 약 2년 동안 유학.
JLPT(일본어능력시험) 1급 합격. 대학원에서의 전공은 일본어학.

1. 소속
   한국 A시 총무과

2. 회사의 업무 내용
   일본과 중국에 있는 자매 도시와의 대외 협력에 관한 업무를 담당하는 외에 한국의 다른 자치단체와의 교류 업무 등 폭넓은 사무를 담당하고 있다.

Q 현재 업무에서는 어떤 경우에 일본어를 사용하고 있습니까?

A   A시는 일본과 중국에 자매 결연을 맺은 도시가 있고 농업 분야와 그 외의 교류 업무가 활발하게 이루어지고 있습니다. 그 중에서 저는 일본 담당자로서 다양한 교류 활동을 담당하고 있습니다. 평상시에는 자매 도시로부터 온 메일과 우편물을 한국어로 번역하거나 이쪽에서 발신하는 공지를 일본어로 번역합니다. 또 일본에서 손님이 왔을 때에는 수행하면서 통역을 하는 외에 시의 행사 등으로 일본을 방문할 때에는 수행하여 통역을 하고 있습니다.

Q 공무원 중에 일본의 자치단체 등에서 손님이 오는 경우도 많습니까?

A   많습니다. 최근에는 자매 도시의 간부를 비롯하여 로터리 클럽과 같은 경제 단체에서도 A시를 방문합니다. 그런 때에는 반드시 환영 행사가 있고 시장 등의 연설을 통역하는 일도 제가 담당합니다.

インタビュー　　就職成功者に聞く 7

Q そうですか。それは緊張する場面ですね。そのような公式の式典で通訳なさる時に心がけていることなどはありますか。

A 　通訳の経験がある方ならご存知だと思いますが、通訳をしていると私が思いもよらない言葉が出てくることがあります。翻訳の場合は辞書で調べたりする時間がありますが、通訳の場合にはそのような時間の余裕はありません。公式の挨拶には基本的なパターンがあるので、ある程度は事前に準備しておくようにします。また、なかには通訳の存在を忘れてずっとしゃべり続ける方もいらっしゃるので、前もってスピーチする方に「なるべく途中で区切って話をしてください。」とお願いしておきます。そうすると、滑らかに通訳ができます。こうしたことも、経験を積んでいくうちにだんだんわかってきました。

Q たしかに、公式のスピーチには独特の雰囲気があり、一般的な会話で使われる日本語とは違うので通訳の言い回しも難しいと思います。ところで、公務員のお仕事を志望された理由は何ですか。

A 　就職活動を始めるにあたって、私は日本に8年留学した経験もあり、自分の日本語力を生かした仕事をしたいと思っていました。その中で故郷で地元のみなさんのために働くことができる公務員に魅力を感じました。

Q 就職活動の時、公務員を含めてどのぐらい応募しましたか。

A 　公務員が3、民間企業が3で合計6つです。1ヶ月に1〜2回のペースで応募しました。

인터뷰 취직 성공자에게 묻는다 7

Q 그렇군요. 긴장되는 경우겠네요. 그런 공식 식전에서 통역할 때에 특별히 주의하는 일은 무엇입니까?

A 통역 경험이 있는 사람이라면 이해하시겠지만 통역을 하고 있으면 예상치 못한 말이 나오는 경우가 있습니다. 번역을 하면 사전을 찾을 시간이 있지만 통역하는 경우에는 그런 시간적 여유가 없습니다. 공식적인 인사에는 기본적인 패턴이 있어서 어느 정도는 사전에 준비해 두도록 하고 있습니다. 또 그 중에는 통역의 존재를 잊고 계속 말하는 사람도 있어서 사전에 연설하는 분에게 「될 수 있으면 중간에 끊어가며 말을 해 주십시오」라고 부탁해 둡니다. 그렇게 하면 매끄럽게 통역할 수 있습니다. 이런 것도 경험을 쌓게 되면 알게 됩니다.

Q 역시 공식적인 연설에는 독특한 분위기가 있고 일반적인 회화에서 사용되는 일본어와는 다르기 때문에 통역하는 것도 어렵겠군요. 그런데 공무원의 업무를 지원하게 된 이유는 무엇입니까?

A 구직 활동을 시작할 때 저는 일본에서 8년동안 유학한 경험도 있고 해서 저의 일본어 능력을 살리는 일을 하고 싶었습니다. 그 중에서, 고향에서 고향 사람들을 위해 일할 수 있는 공무원에 매력을 느꼈습니다.

Q 구직 활동을 할 때 공무원을 포함하여 몇 군데에 지원했습니까?

A 공무원이 세 군데, 민간 기업이 세 군데로 모두 여섯 군데입니다. 한 달에 1~2번 정도 지원했습니다.

インタビュー　　就職成功者に聞く7

Q 書類はどのようなものを準備しましたか。

A 　履歴書と自己紹介書を韓国語と日本語で書いて準備しました。韓国語で提出する会社と日本語で提出する会社があったからです。日本語の書類は提出する前に間違いがないかどうか日本の方にチェックしてもらいました。それから、書いた内容を自分自身で良く理解して、どんな些細な質問にも矛盾なく答えられるようにしました。

Q 準備の方法としては理想的ですね。そしてその後、試験を受けたのですか。

A 　ええ、試験についてですが、私が受けた会社の場合、どういうわけか「試験はない」と言われていたのに面接に行ってみると筆記試験が行われたことがありました。

Q そんなことがあるんですか。公務員試験の場合もそうでしたか。

A 　いいえ、公務員試験のときはそのようなことはありませんでした。まず1次試験として韓国語、英語、日本語の順で面接が行われました。韓国語面接では「公務員にとって一番大切なことは何か」といったことを聞かれました。英語面接では英語による自己紹介の後、「韓国と日本の領土問題についてあなたの考えを述べてください」と言われました。日本語面接では日本語による自己紹介の後、「日本でどんな勉強をしたか」、「どんなアルバイトをしたか」、「日本で一番つらかったことは何か」といった質問を受けました。

인터뷰 취직 성공자에게 묻는다 7

Q 어떤 서류를 준비했습니까?

A 이력서와 자기소개서를 한국어와 일본어로 작성하여 준비했습니다. 한국어로 제출하는 회사와 일본어로 제출하는 회사가 있었기 때문입니다. 일본어 서류는 제출하기 전에 실수가 있는지 일본인에게 부탁하여 체크를 했습니다. 그리고 나서 작성한 내용을 제 자신이 먼저 잘 이해한 다음에 어떤 사소한 질문에도 모순되지 않게 답할 수 있도록 했습니다.

Q 준비 방법으로서는 이상적인 방법이었군요. 그리고 그 후 시험을 보게 되셨군요.

A 예. 시험에 대해서인데, 제가 지원한 회사의 경우 어째서인지 「시험은 없다」라고 했는데 면접을 보러 가 보니 필기 시험이 치러지고 있었던 적이 있었습니다.

Q 그런 일도 있습니까? 공무원의 경우도 그랬습니까?

A 아니요. 공무원 시험을 볼 때는 그런 일은 없었습니다. 우선 1차 시험으로 한국어, 영어, 일본어의 순으로 면접을 보게 되었습니다. 한국어 면접에서는 「공무원에게 있어 가장 중요한 것은 무엇인가」라는 질문을 받았습니다. 영어 면접에서는 영어로 자기 소개를 한 후에 「한국과 일본 사이의 영토 문제에 대한 자신의 생각을 말하시오」라는 질문을 받았습니다. 일본어 면접에서는 일본어로 자기 소개를 한 후에 「일본에서 어떤 공부를 했는가」, 「어떤 아르바이트를 했는가」, 「일본에서 가장 힘들었던 일은 무엇인가」라는 질문을 받았습니다.

インタビュー　　就職成功者に聞く7

Q　3ヶ国語の面接ですか。厳しい面接だったようですが、どのような準備をしましたか。

A　そうですね、面接では自己紹介をすることが多いので、日本語と英語の自己紹介はすべて丸暗記しました。それぞれ10行ぐらいの量ですが、思い出しながら話すのではなく、いつでもすらすら話せるように練習しました。また、面接は緊張するものなので、緊張を和らげるために、先生や友達を相手に何度も練習しました。

Q　合格の決め手は何だったと思いますか。

A　やはり、試験ですから筆記試験や面接試験の点数を多く取ることが重要だと思います。提出書類については相手が求めているような内容を考えて書くことが必要です。公務員だったら公務員用に内容を考えなければなりません。それから、これはよく注意しなければならない点ですが、自分を良く見せようとして「うそ」を書いては絶対にいけません。例えば公務員の場合、提出した書類や面接で話した内容にうそがあると、合格した後でも合格が取り消されてしまいます。

Q　最後に後輩へのアドバイスをお願いします。

A　みなさんもご存知のように、最近公務員は人気がある職業になっているので、簡単に合格できないかもしれません。もし、試験で落とされてもその時の経験は必ず無駄にならず、自分の中に残ります。特に、若い世代の方が公務員試験を受験する場合には、少なくとも1年半ぐらい前から準備するつもりでいてください。そして、1回ぐらい試験で落とされたからといって公務員には縁がないと思わずに、あきらめずにまた試験を受けてください。みなさんのご健闘をお祈りしています。

인터뷰 취직 성공자에게 묻는다 7

Q 3개 국어로 면접을 보다니 어려운 면접이었을텐데, 어떻게 준비했습니까?

A 면접에는 자기소개를 하는 경우가 많기 때문에 자기소개는 일본어와 영어로 모두 암기해 두었습니다. 각각 10줄 정도의 분량인데 생각하면서 이야기하는 것이 아니라 언제라도 술술 말할 수 있도록 연습했습니다. 또 면접은 긴장되기 때문에 긴장을 늦추지 않기 위해서 선생님과 친구들을 상대로 몇 번이고 연습을 했습니다.

Q 합격한 비결은 무엇이었다고 생각합니까?

A 역시 시험이니까 필기 시험과 면접 시험의 점수를 많이 받는 것이 중요합니다. 제출서류에 대해서는 상대가 요구하는 내용을 생각해서 쓸 필요가 있습니다. 공무원이라면 공무원용으로 내용을 생각해야 합니다. 그리고 이것은 정말 주의해야 하는 점인데 자신을 좋게 보이기 위해 절대로 「거짓말」을 해서는 안 된다는 것입니다. 예를 들면 공무원의 경우에 제출한 서류와 면접에서 이야기한 내용에 거짓이 들어가 있으면 합격한 후에도 합격이 취소되는 경우도 있습니다.

Q 마지막으로 후배들에게 충고 한 마디 부탁합니다.

A 여러분도 알고 있듯이 최근에는 공무원이 인기 직종이 되고 있어서 간단하게 합격할 수 없을지도 모릅니다. 그렇지만 시험에서 떨어져도 그 때의 경험이 헛된 것이 아니라 분명히 자기 안에 남아 있습니다. 특히 젊은 세대가 공무원 시험을 보는 경우에는 적어도 1년 반 정도 전부터 준비한다는 각오를 해야 합니다. 그리고 한 번 정도 시험에서 떨어졌으니까 공무원에는 연이 없다고 생각하지 말고, 포기하지 말고 또 도전해 보십시오. 여러분의 건투를 빌겠습니다.

Part V

생각하는 힌트

_考えるヒント

자기소개서를 작성하거나 면접을 보기 전에 여러분의 머릿속을 정리해 둡시다. 질문에 우선 한국어로 답을 작성해 봅시다. 의외로 자기 자신에 대해서 생각만큼 잘 알지 못할 때가 있습니다. 그럴 때는 선배와 친구들에게 여러분의 인상을 물어 보는 것도 좋은 방법입니다.
그렇지만 선배와 친구들에게 들은 것을 그대로 쓰면 안 됩니다. 여러분에 대한 것이니 어디까지나 판단하는 것은 자기자신입니다. 그리고 나서 일본어로 번역해 봅니다. 그 때, 문법편에서 공부한 내용에 주의하면서 직역하지 않도록 주의합시다.

성격편

☺ 즐거웠던 일은 어떤 일입니까?

[힌트] 즐거웠던 일만을 쓰는 것이 아니라 「어째서 그것이 즐거웠는지」에 대해 잘 생각해 본 다음에 쓰는 것이 좋습니다. 가능하면 그 경험이 이후에 자신에게 어떤 영향을 끼쳤는지에 대해서도 생각해 봅시다.

☺ 여러분이 감동했던 것은 무엇입니까?

[힌트] 감동에도 여러 가지 종류가 있습니다. 우선 어떤 일을 해서(혹은 누가 어떤 일을 해서), 어떻게 감동을 받았는지를 생각하고 그것을 다른 사람에게 객관적이고 알기 쉽게 설명할 수 있도록 합니다.

☺ 분했던 일은 어떤 일이었습니까?

[힌트] 여러분은 잠을 잘 이루지 못했을 정도로 분했던 적이 있습니까? 분했던 기분을 잊어버리기 위해 여러분은 어떤 일을 했는지에 대해 써보도록 합시다.

☺ 슬퍼했던 것은 무엇입니까?

〔힌트〕 우선 지금까지 슬펐던 일에 대해 정리합니다. 그리고 그 슬펐던 일을 여러분이 어떻게 극복했는지에 대해 써 보도록 합니다. 여기에서는 어려웠던 일을 극복한 방법을 자세하게 쓰는 것이 중요합니다.

☺ 여러분은 친구와 어떻게 지내고 있습니까?

[힌트] 여러분이 친구들과의 관계에서 어떤 역할을 하고 있는지 곰곰이 생각해 봅니다. 친구들에게 도움을 받았던 적이 있다면 그 점에 대해서도 씁니다.

☺ 여러분은 어떤 일에 자신만의 시간을 쓰고 있습니까?

[힌트] 대학 동안에는 방학기간이 꽤 깁니다. 여러분은 방학 동안 어떻게 지냈습니까? 여러분이 중요시하고 있는 일이 상대에게 전해질 수 있도록 써 봅니다.

직업편 · 그 외

☺ 자신 있는 분야는 무엇입니까?

[힌트] 대학에서의 전공을 중심으로 여러분이 자신 있다고 생각하는 것을 씁니다. 그 때 다른 사람과는 눈에 띄게 다른 부분이 있다면 그것도 강조해 둡니다.

예) 일본어+중국어
   저는 일본어와 중국어 비즈니스 회화를 공부했습니다.
예) 일본어+컴퓨터
   저는 일본어로 된 컴퓨터 관련 잡지를 읽으면서 컴퓨터를 공부하고 있습니다.

☺ 지원 동기는 무엇입니까?

[힌트] 지원 동기는 반드시 회사마다 다른 것을 생각해야 합니다. 우선 회사의 홈페이지를 잘 살펴봅니다. 그리고 여러분이 흥미가 있는 분야를 책이나 인터넷을 통해 자세히 조사하도록 합니다. 만약 그 회사가 메이커이고 여러분 주변에 제품이 있다면 그것을 이용하여 쓰는 것도 좋습니다.

☺ 무슨 일이 하고 싶습니까?

[힌트] 「생각하는 힌트(성격편)」에서 작성한 내용을 참고로 하여 여러분이 하고 싶다고 생각하는 직종을 구체적으로 씁니다. 그 때 여러분의 성격과 희망 직종을 억지로 연결시키지 않아도 됩니다.

☺ 일본에 대해 어떤 인상을 가지고 있습니까?

[힌트] 긍정적인 인상과 부정적인 인상을 가지고 있는 경우에 그 두 가지를 다 써도 좋지만 사회인으로서 기본적인 객관성을 잃지 말고 상대(일본인 면접관)를 배려하는 표현을 쓰도록 주의합니다.

☺ 일본인에 대해 어떤 인상을 가지고 있습니까?

[힌트] 일본에 가 본 적이 있는 사람은 그 때 느낀 점에 대해 구체적으로 쓰면 됩니다. 예를 들면 「親切だ」라고 쓰고 싶을 때에는 단순히 「日本人は親切です」라고만 쓰면 설득력이 부족합니다. 깊이 생각해 보고 구체적으로 쓰도록 합시다.

Column

日本の年号
일본의 연호

일본에서는 서력도 사용되지만 일본식 연호도 널리 사용되고 있습니다. 필요할 때는 아래의 표를 참고하여 계산합시다.

서력	일본식 연호	서력	일본식 연호
2006	平成 18	1988	昭和 63
2005	平成 17	1987	昭和 62
2004	平成 16	1986	昭和 61
2003	平成 15	1985	昭和 60
2002	平成 14	1984	昭和 59
2001	平成 13	1983	昭和 58
2000	平成 12	1982	昭和 57
1999	平成 11	1981	昭和 56
1998	平成 10	1980	昭和 55
1997	平成 9	1979	昭和 54
1996	平成 8	1978	昭和 53
1995	平成 7	1977	昭和 52
1994	平成 6	1976	昭和 51
1993	平成 5	1975	昭和 50
1992	平成 4	1974	昭和 49
1991	平成 3	1973	昭和 48
1990	平成 2	1972	昭和 47
1989★	昭和 64 / 平成元	1971	昭和 46

★ 昭和(쇼와) 64년은 1월 7일까지이며 平成(헤이세이)元(원)년은 1월 8일부터입니다.

Part VI

부록

_付録

_ 해답 예
_ 일본 관련 기업 정보
_ 관심 기업 스크랩

해답 예

Part Ⅱ 설문지(자기소개서) 작성

문법편(초급)

❶ 문말 표현1

1. 大学では友達も増え、サークル活動でテニスもしました。
2. 日本語は高校から勉強をはじめ、大学に入ってからも勉強を続けました。
3. アルバイトの経験も多く、日本へ留学もしました。
4. 歴史も長く、良い会社だと思います。
5. 日本語の成績が良く、英語も話すことができます。
6. 私の故郷は静かで、空気もきれいです。
7. 御社の製品は韓国でも有名で、私もいつも愛用しています。
8. 友達の田中さんはまじめで、ハンサムで、とても優しいです。

❷ 문장의 접속2

1. まだわかりませんが、卒業論文はできれば韓流について書きたいです。
2. まだ足りないところも多いですが、もっとがんばるつもりです。
3. 営業職を志望していますが、企画の仕事にも興味があります。
4. 英語のほかに日本語とロシア語を勉強していますが、英語がいちばん難しいです。
5. 私はせっかちですが、友達の中ではそれほどせっかちではない方です。
6. 日本に旅行するために去年からアルバイトをしていますが、なかなかお金がたまりません。
7. 学生生活は楽しかったですが、もっと専門の勉強をすればよかったと思っています。
8. 先週御社にメールを出しましたが、届きませんでした。

❸ ～ように

1. 日本語の小説が読めるようになりました。
2. 最近、パワーポイントが上手に扱えるようになりました。
3. 日本語でEメールができるようになりました。
4. 日本語のビジネス会話を勉強したので、電話の応対もできるようになりました。
5. 英語のニュースも聞き取れるようになりました。
6. 韓国のケーブルテレビでも日本のドラマが見られるようになりました。

❹ ～と思います

1. 今後も、韓国と日本の交流は深くなると思います。
2. 貴社の技術は、海外でも高く評価されていると思います。
3. 地球温暖化の問題は、避けては通れないと思います。
4. これからも私の考えは変わらないと思います。
5. FTAの交渉がまとまれば、韓国と日本の貿易はますます活発になると思います。
6. 私は、子供の頃から航空会社で働きたいと思っていました。
7. 会社に入って最初は失敗することもあるかもしれませんが、だんだん慣れてくると思います。

8. 日本の方もはっきり自分の意見を言った方がいいと思います。

5 지시사

1. 私は日本大使館主催の日本語弁論大会で入賞しました。その時の研修旅行で初めて福岡へ行きました。
2. 小学校の時、担任だった先生を今でも尊敬しています。その先生は、いつも私たちの味方でした。
3. 私は日本に留学していた時、ラーメン屋でアルバイトをしていました。そこは、夜になると会社帰りのサラリーマンでいつもいっぱいでした。
4. 私は中学生の時にはじめて日本の歌を聞きました。それがきっかけで、日本語の勉強を始めました。
5. 私が会社でしたいこと、それは企画の仕事です。

6 문말 표현1

1. 私は子供の頃から御社にあこがれていました。
2. ぜひ、営業の仕事をしてみたいです。
3. 女性の社会参加が必要だと思います。
4. 私はバイリンガルになることを目標に勉強していましたが、バイリンガルになるのは本当に難しいことだとわかりました。
5. 大学では観光を専攻しましたが、副専攻で受けた日本語の授業がおもしろかったので、こうして日本語の仕事をしたいと思うまでになりました。

7 문말 표현2

1. 最近、韓国を訪れる日本人観光客が多くなっています。それで、ホテルや旅行会社だったら日本語を使う仕事が多くあると思い、貴社を志望しました。
2. ＫＴＸが開通しました。そのおかげで、大邱からソウルまで1時間40分で行けるようになりました。
3. 「笑う顔に唾を吐くことができない」という言葉もあるので、私はいつも笑顔で仕事をするように心がけています。

문법편(고급)

1 수수(〜てくれる、〜てくださる)、(〜てもらう、〜ていただく)

1. → 私が落ち込んでいたとき、友達が励ましてくれました。
   → 私が落ち込んでいたとき、友達に励ましてもらいました。
2. → 日本人の友達が日本の就職の本を送ってくれました。
   → 日本人の友達に日本の就職の本を送ってもらいました。
3. → 入学祝いに両親が電子辞書を買ってくれました。
   → 入学祝いに両親に電子辞書を買ってもらいました。
4. → 先生が歌舞伎について解説してくださいました。
   → 先生に歌舞伎について解説していただきました。
5. → 大学の就職課の方が推薦してくださいました。
   → 大学の就職課の方に推薦していただきました。

해답 예

2 수동

1. (능동) 友達が日本への旅行に誘ってくれました。
   (수동) 友達に日本への旅行に誘われました。
3. (능동) 先輩がいつも助けてくれました。
   (수동) 先輩にいつも助けられました。
4. (수동) 友達に進路について聞かれました。
5. (수동) 大学から奨学生に選ばれました。
6. (수동) 日本のアニメーションは世界中の人々に楽しまれています。
7. (수동) 10年後には、携帯テレビが多くの人に使われていると思います。
8. (수동) 御社の製品は韓国の消費者に愛用されています。

3 쉼표(、)

1. 父と母は共働きだったので、私はいろいろなことを自分でしなければなりませんでした。
2. 学費を稼ぐために、数々のアルバイトをしながら、お金を稼ぐことの難しさを知りました。
3. 短大に通っていた時、手話サークルに参加して手話を一生懸命学んだり、養護施設や老人ホームでボランティアをしたりしました。
4. 高校生の時、第二外国語の授業として日本語の勉強を始めるまで、日本語に全然関心がなかった私でしたが、友人の誘いで日本の歌を聞くようになり、日本語が楽しくなってきました。
5. 私は、大学で国際経済学を専攻しています。大学で学んだことが、直接実務に役立つかどうかわかりませんが、基本的な学問の考え方を踏まえたうえで、現実のマーケットで仕事をしていくことができたら、たいへん有意義だと思っています。

단어편

1 가타카나어, 약어

[スタイル]
特にストレスを受けたら、暴食する<u>タイプ</u>です。

[サービスマインド]
<u>サービス精神</u>を持つスチュワーデスになりたいです。

[ソーシャルライフ]
私は<u>社会人としての生活</u>を通じて困難な問題も乗り越えられる自信を持ちました。

[ＡＳ]
御社は<u>アフターサービス</u>がとても充実していると聞いたことがあります。

[〜Ｃ]
<u>21世紀</u>は情報・通信の時代だと言われています。

[バイト]
去年の7月から花屋で<u>アルバイト</u>をしています。

[ケータイ]
韓国の大学生は、ほとんど<u>携帯電話</u>を持っています。

2 형용사・부사・수사

[多様な]
<u>いろいろな</u>勉強をしました。/<u>様々な</u>勉強をしました。

[やさしく]
簡単にあきらめません。

[多い]
多くのゲームソフトがあります。
たくさんのゲームソフトがあります。

[頑丈な]
貴社は堅実な会社だと思います。

[もっと関心がある]
広告の分野にひじょうに関心があります。/広告の分野にたいへん関心があります。
日本語ガイドの仕事にひじょうに関心があります。/日本語ガイドの仕事にたいへん関心があります。

[続けて]
日本の小説がずっと好きでした。

[熱心に]
私はいつも一生懸命努力しました。

[第一]
私が一番好きなゲームはオンラインゲームです。

[何番]
何回見ても飽きませんでした。

❸ 동사

[〜が不足する]
リーダーシップが足りません。
社交性が足りません。/社交性に欠けています。

[〜と交わる]
友達と会って話をするのが好きです。

[〜を受ける]
賞をもらいました。/賞を取りました。
100点をもらいました。/100点を取りました。

[繁盛する]
ゲーム産業はこれからもっと発展するとと思います。

[助けになる]
日本のテレビドラマを見ることは日本語の勉強の役に立ちました。

[〜やすい]
どこに行っても、簡単に適応することができます。
私はインターネットで簡単に検索できます。

[値打ちのある]
価値のある経験をしました。

[耳をすまして]
貴社は常にお客様の声を意識して聞いていると思います。

❹ 명사

[マート]
私は週に3回スーパーでアルバイトをしています。

[自信感]
自信があります。

[因縁]
貴社とは不思議な縁があります。

[〜不足]
年齢制限のため諦めました。

[追憶]
友達と一緒に大学祭の準備をしたことが思い出に残っています。

[学点]
単位の心配はありません。

[我が国]
キムチは韓国を代表する食品です。

[顧客]
私はお客様を大切にする貴社の経営方針に共感しています。

[長点・短点]
私の長所は仕事中いつも笑顔を忘れないことです。

해답 예

[外]
私は韓国語と日本語の<u>他</u>に中国語も話せます。

❺ 호칭

[ねえさん]
就職について<u>先輩</u>に相談しました。/就職について<u>姉</u>に相談しました。

[にいさん]
<u>先輩</u>は亀尾にある日系企業で働いています。/<u>兄</u>は亀尾にある日系企業で働いています。

❻ 그 외(성격을 나타내는 말)

[急な性格]
私は<u>気が短いところ</u>があります。/私は<u>せっかちなところ</u>があります。

[耳が薄い]
私は<u>他人の意見に振り回されやすい</u>ところがあります。

[情が多い]
<u>とてもやさしい</u>です。/<u>情が厚い</u>です。

[平和的な性格]
私は<u>楽天的な性格</u>です。

[〜やすい]
どこに行っても、<u>簡単に適応すること</u>ができます。

Colume 가타카나어에는 요주의

버스	→ バス
택시	→ タクシー
배드민턴	→ バドミントン
컴퓨터	→ コンピューター
인터넷	→ インターネット
피아노	→ ピアノ
매너	→ マナー
워크맨	→ ウォークマン
이미지	→ イメージ
서비스	→ サービス

Colume 정중한 말

さっき → 先ほど
<u>先ほど</u>、筆記試験を受けました。

あとで → 後ほど
<u>後ほど</u>、アンケートを書くようにと言われました。

すぐに → 至急
<u>至急</u>、必要な書類を準備いたします。

この間 → 先日
<u>先日</u>はありがとうございました。

じゃあ → では
<u>では</u>、またうかがいます。

すごく → たいへん
大学生活は<u>たいへん</u>充実していました。

とても → ひじょうに
筆記試験は<u>ひじょうに</u>難しかったです。

本当に → 誠に
<u>誠に</u>申し訳ございません。

ちょっと → 少し
スペイン語も<u>少し</u>話せます。

だから → ですから
<u>ですから</u>、日本と韓国の合弁企業を志望しました。

Part Ⅲ 면접

문법편

❶ 문말 표현1

1. 1988年にソウルオリンピックがありました。その時、私は5歳でした。/1988年にソウルオリンピックがありましたが、その時、私は5歳でした。
2. 日本の会社で働きたいです。
3. インドやロシアでは韓国企業の進出が盛んだと思います。

4. 私は大学で日本語の他に中国語も勉強しました。
5. 私は韓国と日本の架け橋になりたいと思います。/私は韓国と日本の架け橋になるつもりです。/私は韓国と日本の架け橋になります。
6. 出張の仕事があったら、いつでもどこへでも行くつもりです。/出張の仕事があったら、いつでもどこへでも行きます。
7. 韓国のキムチはおいしいと思います。
8. 御社はたしか50年の伝統があったと思います。/御社は50年の伝統があります。
ですから、他の会社にはない信頼感があると思います。
9. 韓国語と日本語は文法が似ているところがあります。それで、英語よりも勉強しやすかったです。

❷ 문말 표현2

1. 東京に高田馬場という街がありますが、そこに半年ほど住んでいました。
2. 日韓ワールドカップは、とても盛り上がったと思います。そこで知り合った日本の大学生とは今でも時々メールをしています。
3. オンラインゲームは、みんなでできるのでおもしろいと思います。世界中で同時にゲームができるなんてほんとうに夢みたいだと思います。
4. 韓国語と日本語は文法が似ているところがあります。それで、英語よりも勉強しやすかったのだと思います。
5. 韓国を訪問する日本人観光客は多いですが、韓国に留学する日本人留学生はまだ少ないようです。それが、残念です。
6. これから、ますますエネルギー問題が重要になるのではないでしょうか(↓)。
7. 私のように日本語を使って仕事をしたいと思っている人は多いのではないでしょうか(↓)。
8. 御社は、韓国で今後ますます発展するのではないでしょうか(↓)。

❸ 장소를 지칭하는 방법

1. 私の在学証明書はそちらです。
2. こちらが私の履歴書です。よろしくお願いいたします。
3. 私の席はこちらですか。
4. A：すみません、お手洗いはどちらですか。
   B：あちらです。
   A：どうも、ありがとうございます。
5. A：あの、すみません、出口はどちらですか。
   B：そちらです。
   A：あ、すみません。こちらですか。
   B：いいえ、そちらではありません。そちらの奥です。
   A：あ、こちらですか。どうも、ありがとうございます。

❹ 인물・회사를 지칭하는 방법

私は、日本との貿易の仕事に興味があります。御社(貴社)を志望した理由は、御社(貴社)では実力主義に基づき、日本の方と外国の方が同じ条件で働いていると伺ったからです。

❺ 겸양어

겸양 표현의 기본형
1. すぐに在学証明書をお送りします。/すぐに在学証明書をお送りいたします。

해답 예

2. これから私の性格についてお話しします。/これから私の性格についてお話しいたします。
3. 推薦書は前回の面接の時にお渡ししました。/推薦書は前回の面接の時にお渡しいたしました。
4. 韓国と日本の文化交流の現状についてご説明します。/韓国と日本の文化交流の現状についてご説明いたします。
5. もし、証明書がすぐにもらえないようでしたらご連絡します。/もし、証明書がすぐにもらえないようでしたらご連絡いたします。
6. 日本からお客様がいらっしゃった時には、日本語でご案内できると思います。

특별한 활용을 하는 겸양어

1. 昼間は大学におります。
2. ○○大学文学部4年○○○と申します。
3. 御社のホームページを拝見しました。
4. 御社で働いている先輩にお目にかかりました。
5. 御社で働いている先輩からお話しをうかがいました。/おうかがいしました。
6. ○×国際財団から奨学金をいただきました。
7. 半年ぐらい前からロシア語を勉強しております。
8. 卒業見込み証明書を持ってまいりました。
9. それでは、明日の午後3時に御社におうかがいします。
10. 申し訳ありませんが、アフリカの経済についてはよく存じません。

◉「～てきました」→「～てまいりました」
1. 日本語のエントリーシートと写真を持ってまいりました。
2. 健康診断書を持ってまいりました。
3. 日本に1年間留学してまいりました。
4. 日本の会社を受験するため、ビジネス日本語の勉強をしてまいりました。

◉「～ていました」→「～ておりました」
1. 昨日は、自宅で授業のレポートを書いておりました。
2. 夏休みは、工事現場でアルバイトをしておりました。
3. 休学中も日本語の勉強を続けておりました。
4. 以前から御社にあこがれておりました。

일본 관련 기업 정보

소니 코리아

전화번호_1588-0911

주소_서울 강남구 삼성1동 159-1 아셈 타워

홈페이지_www.sony.co.kr

니콘 이미징 코리아

전화번호_02-6050-1800

주소_서울 중구 남대문로 4가 상공회의소 회관 12층 니콘 이미징 코리아

홈페이지_www.nikon.co.kr

파나소닉 코리아

전화번호_02-2106-6666

주소_서울 서초구 서초동 1718-9 서현빌딩 4층

홈페이지_www.panasonic.co.kr

한국 니토 옵티칼

전화번호_031-680-4123

주소_경기도 평택시 청북면 율북리 1029

홈페이지_www.koreno.co.kr

일본 관련 기업 정보

히타치 하이테크놀로지즈 코리아(주)

전화번호 _ 02-754-7654

주소 _ 서울 종로구 서린동 33번지 영풍빌딩 8층

홈페이지 _ www.hitachi-hitec-kr.com

한국 고덴시

전화번호 _ 063-839-2111

주소 _ 전북 익산시 어양동 513-5

홈페이지 _ www.kodenshi.com

(주)세가 코리아

전화번호 _ 02-3468-4087

주소 _ 서울 강남구 대치동 889-13 금강타워 301

홈페이지 _ www.segakorea.com

(주)로지컴 코리아

전화번호 _ 02-539-4288

주소 _ 서울 강남구 대치동 1008-1 타워크리스탈 704호

홈페이지 _ www.logicom.co.kr

LFT 코리아

전화번호_031-607-3311

주소_경기 성남시 분당구 야탑동 테크노파크 A동 902호

홈페이지_www.laserfront.com

(주)씨앤피 여행사

전화번호_ 02-735-9788

주소_ 서울 마포구 공덕동 30-3 송희빌딩 6층

홈페이지_www.cnptravel.co.kr

(주)지올 코리아

전화번호_02-511-5501

주소_ 서울 강남구 논현동 218-16 선민빌딩

홈페이지_www.jeol.co.kr

리샤인 코퍼레이션

전화번호_02-718-9780

주소_ 서울 마포구 대흥동 458번지 LS 빌딩

홈페이지_www.lsbodyjewely.com

일본 관련 기업 정보

쏘타 인터내셔널

전화번호_02-6000-6568

주소_서울 강남구 삼성동 코엑스 2층 B-10호

홈페이지_www.sota.co.kr

㈜한국티디비

전화번호_02-558-8093

주소_서울 강남구 역삼동 746-20번지

홈페이지_www.tdbkorea.co.kr

㈜텐디알

전화번호_02-539-3901

주소_서울 강남구 역삼동 679-5 서울 벤터타운 1304호

홈페이지_www.10dr.com

보보스링크(주)

전화번호_02-559-6311

주소_서울 강남구 역삼동 820-9 글라스타워 17층

홈페이지_www.boboslink.com

(주)제이맥코리아

전화번호 _ 02-556-0384

주소 _ 서울 강남구 삼성동 162-2 엘슨빌딩 3층

홈페이지 _ www.jmacorea.com

한국가가전자(주)

전화번호 _ 02-3486-2541

주소 _ 서울 강남구 역삼동 831-46 후림빌딩 302호

홈페이지 _ www.taxan.co.jp

클레버컨설팅그룹

전화번호 _ 02-558-8720

주소 _ 서울 강남구 삼성2동 119-9 경산빌딩 2층

홈페이지 _ www.clevergr.com

삼오엔케이

전화번호 _ 02-508-1556

주소 _ 강남구 역삼동 652-5 5층

홈페이지 _ www.samohnk.com

일본 관련 기업 정보

커리어케어

전화번호 _ 02-2286-3846

주소 _ 서울 강남구 역삼동 607-13 삼정빌딩 3층

홈페이지 _ www.careercare.co.kr

(주)자이크론

전화번호 _ 02-569-3288

주소 _ 서울 강남구 대치동 898-32번지 영강빌딩 3층

홈페이지 _ www.xycron.net

부산방직

전화번호 _ 02-565-8741

주소 _ 서울 강남구 삼성동 156-1 부방빌딩 4층

홈페이지 _ www.busantax.co.kr

(주)조인엔터프라이즈

전화번호 _ 02-563-3831

주소 _ 서울 강남구 역삼동 689-1 삼본빌딩 2층

홈페이지 _ www.joinent.com

(주)타임스 서치

전화번호_02-2179-5031

주소_ 서울 강남구 역삼동 823 풍림빌딩 1006호

홈페이지_www.timessearch.com

상경물산(주)

전화번호_02-557-4757

주소_ 서울 강남구 역삼동 824-21 상경빌딩 14층

홈페이지_www.straw.co.kr

디프소프트(주)

전화번호_02-562-8545

주소_ 서울 강남구 역삼1동 668-9 해석빌딩 2층

홈페이지_www.deepsoft.co.kr

(주)소프트뱅크커머스

전화번호_02-2187-0012

주소_ 서울 강남구 논현동 82-18 벤처캐슬 4층

홈페이지_www.commerce.softbank.co.kr

일본 관련 기업 정보

신일 일렉트로닉스(주) 한국지점

전화번호_02-508-2812

주소_서울 강남구 대치동 1001-1 일원빌딩 5층

홈페이지_www.shin-nichi.com

KBK 특허법률사무소

전화번호_02-3453-6701

주소_서울 강남구 역삼동 648-23 역삼빌딩 15층

메일_webmaster@kbkpat.com

중앙마이크로닉스

전화번호_02-3452-6420

주소_서울 강남구 역삼동 662-17 송현빌딩 4층

홈페이지_www.cmicron.com

스탭솔루션

전화번호_02-552-5360

주소_서울 강남구 대치동 890-45 덕우빌딩 3층

홈페이지_www.staffsolution.co.kr

템프스텝코리아

전화번호_ 02-557-7107

주소_ 서울 강남구 역삼1동 820-10 글라스타워 17층

홈페이지_www.tempstaff.co.kr

스카우트서치

전화번호_ 02-2188-6752

주소_ 서울 강남구 역삼동 786-18 비즈허브빌딩 4층

홈페이지_www.scout.co.kr

(주)코리아헤드

전화번호_02-3453-1374

주소_ 서울 강남구 삼성동 157-21 소석빌딩 5층

홈페이지_www.koreahead.com

맨파워코리아

전화번호_ 02-6677-6109

주소_ 서울 강남구 삼성동 141-28 동신빌딩 11층

홈페이지_www.manpower.co.kr

관심 기업 스크랩

기업명

대표전화

주소·홈페이지

채용담당자

주요사업

비전

경쟁사정보

채용정보

▶ 채용시기

▶ 채용인원

▶ 관심부서

▶ 응시자격

▶ 전형방법

▶ 제출서류

▶ 관련 자격증

특이사항

관심 기업 스크랩

기업명

대표전화

주소·홈페이지

채용담당자

주요사업

비전

경쟁사정보

[채용정보]

▶ 채용시기

▶ 채용인원

▶ 관심부서

▶ 응시자격

▶ 전형방법

▶ 제출서류

▶ 관련 자격증

[특이사항]

관심 기업 스크랩

- 기업명

- 대표전화

- 주소·홈페이지

- 채용담당자

- 주요사업

- 비전

- 경쟁사정보

채용정보

▶ 채용시기

▶ 채용인원

▶ 관심부서

▶ 응시자격

▶ 전형방법

▶ 제출서류

▶ 관련 자격증

특이사항

# 관심 기업 스크랩

기업명

대표전화

주소·홈페이지

채용담당자

주요사업

비전

경쟁사정보

채용정보

- ▶ 채용시기

- ▶ 채용인원

- ▶ 관심부서

- ▶ 응시자격

- ▶ 전형방법

- ▶ 제출서류

- ▶ 관련 자격증

특이사항

관심 기업 스크랩

- 기업명
- 대표전화
- 주소·홈페이지
- 채용담당자
- 주요사업
- 비전
- 경쟁사정보

채용정보

▶ 채용시기

▶ 채용인원

▶ 관심부서

▶ 응시자격

▶ 전형방법

▶ 제출서류

▶ 관련 자격증

특이사항

 **관심 기업 스크랩**

기업명

대표전화

주소·홈페이지

채용담당자

주요사업

비전

경쟁사정보

채용정보

▶ 채용시기

▶ 채용인원

▶ 관심부서

▶ 응시자격

▶ 전형방법

▶ 제출서류

▶ 관련 자격증

특이사항

# 관심 기업 스크랩

기업명

대표전화

주소·홈페이지

채용담당자

주요사업

비전

경쟁사정보

채용정보

▶ 채용시기

▶ 채용인원

▶ 관심부서

▶ 응시자격

▶ 전형방법

▶ 제출서류

▶ 관련 자격증

특이사항

終わりに

　本書は多くの方々のご協力を得て完成しました。本教科書の用例は、主に筆者が2002年より担当した大邱カトリック大学校東洋語文学部日語日文科の「ビジネス日本語会話」ならびに「高級日本語会話」の授業中に、学生が実際に書いたり話したりした表現の中から集めました。まずは、主専攻・副専攻等で私の授業を履修してくださった学生のみなさまに感謝の言葉を送ります。また、お忙しい中インタビューに快く応じてくださった当大学卒業生をはじめとするみなさま、翻訳をお願いした大邱カトリック大学校日語日文科大学院生の林賢載さんに厚く御礼申し上げます。

　最後になりますが、原稿の完成を辛抱強くお待ちくださり出版までこぎつけてくださった時事日本語社の金照雄専務理事、金垠炅次長ならびに関係者のみなさまに心より御礼申し上げます。

森田　衛（모리타 마모루）

이 책을 마치며

 이 책은 많은 분들의 협력을 얻어 완성할 수 있었습니다. 이 책의 용례는 필자가 2002년부터 강의를 해온 대구 가톨릭 대학교 동양어문학부 일어일문학과의 '비즈니스 일본어 회화'와 '고급 일본어 회화' 수업 중에 학생들이 실제로 쓰고 말한 표현 중에서 골랐습니다.
우선 주전공·복수전공에서 제 수업을 이수한 많은 학생 여러분들께 감사 드립니다.
 또 바쁘신 와중에도 인터뷰에 흔쾌히 응해 주신 당 대학 졸업생을 비롯한 여러분, 번역을 담당해 주신 대구 가톨릭 대학교 일어일문학과 대학원의 임현재 씨에게도 깊은 감사의 말을 전합니다.
 마지막으로 원고가 완성되기를 참을성 있게 기다려 주시고 출판을 맡아 주신 시사일본어사의 김조웅 전무님, 김은경 차장님을 비롯한 모든 관계자 여러분들께 진심으로 감사의 인사를 올립니다.

모리타 마모루(森田 衛)

이력서 작성에서 비즈니스 회화까지
일본 기업에 취직하기

초판발행	2006년 11월 6일
1판 7쇄	2019년 6월 28일
저자	모리타 마모루(森田 衛)
책임 편집	서대종, 조은형, 신명숙, 무라야마 토시오, 김지은
펴낸이	엄태상
마케팅	이승욱, 오원택, 전한나, 왕성석
온라인 마케팅	김마선, 김제이, 유근혜
경영기획	마정인, 조성근, 박현숙, 김예원, 김다미, 전태준, 오희연
물류	유종선, 정종진, 최진희, 윤덕현
펴낸곳	시사일본어사(시사북스)
주소	서울시 종로구 자하문로 300 시사빌딩
주문 및 교재 문의	1588-1582
팩스	(02)3671-0500
홈페이지	www.sisabooks.com
이메일	book_japanese@sisadream.com
등록일자	1977년 12월 24일
등록번호	제300 - 1977 - 31호

ISBN 978-89-402-4067-0 13730

* 이 교재의 내용을 사전 허가 없이 전재하거나 복제할 경우 법적인 제재를 받게 됨을 알려드립니다.
* 잘못된 책은 구입하신 서점에서 교환해드립니다.
* 정가는 표지에 표시되어 있습니다.

비즈니스 일본어 이메일 통째로 따라쓰기

저자	나카카와지 아키(中川路亜紀)
값	14,500원
구성	본책, 주요 어휘 무료 다운로드

딱 한 권이면 나도 일본 사람처럼 메일 쓸 수 있다!
일본 현지에서 더 유명한 비즈니스 E-mail의 정석

* 일본 비즈니스 커뮤니케이션 전문가로부터 배우는 이메일 작성 실무서입니다.
* 비즈니스 이메일의 기본 작성법과 매너, 자주 쓰는 기본 표현 및 응용 표현을 다양하게 제시했습니다.
* 상황별로 바로 찾아서 사용할 수 있도록 모범 이메일 예문을 수록했습니다.

- 1장 업무 메일의 7가지 기본 원칙
- 2장 본문 이외의 매너와 규칙
- 3장 본문의 기본 규칙
- 4장 메일 작성 요령 및 표현
- 5장 일상적인 연락 메일
- 6장 약속 부탁 문의 메일
- 7장 말하기 거북한 내용의 메일
- 8장 사과 감사 메일
- 9장 단체로 보내는 알림 메일

취업 준비생과 새내기 직장인을 위한

나가누마 스쿨
취업 & 비즈니스 일본어

저자 우에키 카오리(植木香)외   **값** 14,500원
구성 본책, 별책(해답·해설, 주요 어휘, 워크시트), 무료 mp3, 교사용 지도서

일본 취업을 준비하는 학습자들의 필독서!

▶ 1948년 설립된 명문 일본어 학교 '나가누마스쿨도쿄일본어학교(長沼スクール東京日本語学校)'에서 '비즈니스 일본어 코스' 교육 과정에 사용하기 위해 개발한 교재입니다.

▶ 구직 활동부터 입사 초기에 필요한 실무 일본어를 단시간에 익힐 수 있도록 핵심적인 부분을 선별하여 구성했습니다.

Ⅰ 일본 회사에 입사하기
1. 자기소개
2. 자기분석
3. 업계 업종 직종
4. 근무 조건
5. 자기 PR
6. 지원 동기
7. 이력서 송부장
8. 면접 보는 법

Ⅱ 비즈니스 일본어 익히기
1. 경어
2. 인사
3. 전화 받기
4. 전화 걸기
5. 전화로 약속 잡기
6. 방문
7. 비즈니스 메일

Ⅲ 직장인의 기본 자세 익히기
1. 보고·연락·상담
2. 사례 연구 ①
3. 사례 연구 ②